個を生かすチームづくり

深層的多様性を生かし協働の質を高める
マインドセットとスキルセット

杉本　洋一

幻冬舎
MC

はじめに

本書は，チームづくりに関する視点やヒントを探しているビジネスパーソンを読者に想定して，大学で行った授業（チームワーキング演習）の内容をまとめた自己啓発書です。

その授業がねらう教育効果とは，

まず，「認知スタイル」を「ユングのタイプ論」を座標軸にして考えられるようになること。

次に，自他の「自分らしさ」の認容を通じて「自己肯定感・他者肯定感・寛容性」が高まること。

そして，「心理的安全性」への配慮と「批判的思考」の重要性を常に意識できるようになること。

さらに，状況適応的なふるまいをコントロールしていく「メタ認知」が向上すること。

最後に，試行してみる意志と行動力が身に付くことです。

本書は，このような教育効果が生まれるように設計した教育プログラム（いわば，メンバー間の協調が自律的に最適化されるよう，ユングのタイプ論をローエンド志向で利用してメタ認知を育成する教育）の「マインドセット」と「スキルセット」のコンテンツを，トピックごとにコンパクトにまとめたものです。

そのため，本書を一通り読むことで，チームづくりの要点を俯瞰的に理解することができるとともに，これまで問題意識を持っていたことに関する視点や知識を得られるでしょう。そして，次のような質問に答えられるようになります。

- チームの多様性を，どのように捉えればよいのか。
- 表層的多様性と深層的多様性とは何か。
- 認知スタイルをタイプ論により理解するとはどういうことか。
- タイプ論のローエンド利用には，どのようなメリットがあるのか。
- タイプからみた自分らしさには，どのような特徴があるのか。
- 自他の自分らしさが相補的に相互作用するとき，どのようなパターンがみられるのか。
- 自他の自分らしさが干渉して負の相互作用が起こるとき，どのようなパターンがみられるのか。
- タイプ論を安全かつ正しく利用するための留意点は何か。
- 集団になると発生しやすい認知バイアスには，どのようなものがあり，どのような現象が起きるのか。
- 協働の質を高めるうえで知っておくべきことは何か。

さて，チームのパフォーマンスを向上させるため「何に着目し，どの理論を用いて，どうアプローチをするか」は，学際的な研究テーマであるといえます。また，教育プログラムを定式化するときに，絶対的な正解はありません。その意味で本書は，ユングのタイプ論を理論的基盤にして「深層的多様性を生かし協働の質を高めるマインドセットとスキルセット」を体系化した一つの実践例であり解説書なのだと捉えてください。

ところで，「個を生かすチームづくり」の必要性と有用性を，マクロの観点から考えてみるとどうなるでしょうか。

まず，生産年齢人口が減少していく日本では，一人ひとりの「自分らしさ」が認容されて，居場所と出番があるようにすることが必要です。

次に，生産性向上とイノベーション創出が不可欠になっている日本では，対人関係の場における心理的安全性を高めて，知の新結合を促進することが必要です。

最後に，ウェルビーイングを重視した社会を目指す日本では，つながり過ぎた社会が持つ息苦しさや他者攻撃の風潮に対して，寛容という概念に改めて目を向けることが必要です。

このような問題意識に対して本書が提示する視点やヒントは，何らかの啓発になるのではないでしょうか。筆者の思いは，この信念を読者と共有して，夢と希望のある社会にすることです。

このような本書を手に取ったあなたは，きっと問題意識とマネジメントセンスに優れた方だと思います。ぜひ本書を，職場づくり，チームづくりに役立ててください。その努力は，あなた自身とあなたの組織にとって見返りのある先行投資になるはずです。

なぜなら，自分への投資，人への投資こそ最もリターンの大きい投資であり，幸運は準備した者に微笑むからです。

個を生かすチームづくり

深層的多様性を生かし協働の質を高める
マインドセットとスキルセット

目次

第4章 スキルセットのコンテンツ　99

第1章

タイプ活用教育型の
協調設計をするための
教育プログラム

本章では，タイプ活用教育型の協調設計をするための教育プログラムについて，全体像を説明します。まず「協調設計とは」何かを説明します。そのうえで「タイプ直接活用型かタイプ活用教育型か」というアプローチの違いについて説明します。次に，「教育プログラムの概要・特徴・留意点」について，深層的多様性に注目する背景から解説します。そして，教育プログラムの「開発経緯」を紹介し，どのようないきさつでつくられたかを示します。最後に，「教育プログラムのマインドセットとスキルセット」として，実践に必要なマインドセットと実践で活用できるスキルセットの概要を示します。

1　協調設計とは

変化への対応力やイノベーションを生み出すうえで多様性が重視されています。チーム設計（Team Based Design）についても，メンバー間の違いを生かした協調に焦点を当てるときは，協調設計（Collaborative Design）と呼ぶことがあります[1]。

協調設計という概念自体は，製品，サービス，システム，体験などを，協働して設計するプロセスを指します。協働者の個々の視点や専門知識を活用して新たなソリューションを生み出すことをねらうものです。

チームづくりにも協調設計が重視されている背景には

1　福田収一（2008）．『デザイン工学』．放送大学教育振興会，p. 43.

「社会の多様化や状況変化の激化に伴い，異なる分野の知識や経験を結集して対応する必要性が増していることから，協調設計（Collaborative Design）の重要性が増してきている」[2] ことがあります。

なお，協調設計は何かをして終わりということではなく，プロセスとしての取り組みになりますので，チームづくりについても時間軸の中で取り組むことを考える組織開発[3] の観点が有用になります。

したがって，筆者は，チームの協調設計とは，チームの目的達成のために必要と考えられる協調（あるいは，協働）のあり方を実現していけるよう，メンバーの選定・編成・役割分担やメンバーに対する教育などについて介入を行っていくことであると考えます。

2　タイプ直接活用型かタイプ活用教育型か

本書でいうタイプとは，性格心理学の一つであるユング心理学のタイプ論におけるタイプ[4] を指します。そこ

2　同上書，p. 50.

3　組織開発（Organizational Development：OD）とは，人間行動の科学と組織変革の手法を組み合わせた実践プロセスのことで，組織全体の効果性と健康性の改善を目指す活動です。組織開発の手法は様々で，組織の変革と学習を促進するための一連の活動が含まれます。

4　タイプは，個人の心理的特徴を，タイプ論を座標軸にして捉えたときの心理的類型です。ただ，個人の心理的特徴は，座標軸上の特定の位置に静止しているわけではなく動いてずれたりします。一時的な観察や自己探索の浅い段階での本人の自己評価をもって個人のタイプを決めつけることのないようにしましょう。

で，タイプを理解するための前提になる「性格」という概念について先に説明しておきます。

性格心理学（あるいは，パーソナリティ心理学）では，性格の捉え方（記述の仕方）について大別すると二つの立場があります。

すなわち，特性論（人の特性を測る尺度を用いて定量的な相対的評価を行うことで，個人間の差異を記述しようとする立場）と類型論（人の性格の個人間差異を生み出す何らかの要因と機序を仮定することで，典型的な性格の像を記述しようとする立場）です。これらの理論は，性格心理学の中心的な問題，つまり「われわれは他人をどのように理解し，予測し，記述するか」に関して異なる視点を提供してくれます。

ユング心理学で提示された性格理論の「タイプ論」は，類型論に属します。そして，ユングの「タイプ論」で用いるタイプという構成概念[5]は，現代流にいうと認知スタイルのことになります。そのため，深層的多様性における根源的な要素として「認知スタイル」に着目した場合，その理解のための理論として「ユング心理学のタイプ論」を利用できるのです。

さて，協調設計では，どのような多様性の要素（ある

5　構成概念（construct）とは，直接には観察できない概念であり，観察可能な事象から理論的に構成される概念のことをいいます。
参考文献：中島義明・安藤清志・子安増生・坂野雄二・繁桝算男・立花政夫・箱田祐次（編）（1999）．『心理学事典』．有斐閣．

いは属性）を基点にして，メンバーの異同を捉えるのがよいのでしょうか。それでは，チームの効果性を高めるために，多様な要素の中の何に着目するのかについて，絞り込んでいきましょう。

まず，多様性を「表層的多様性（Surface-Level Diversity）」と「深層的多様性（Deep-Level Diversity）」に分ける考え方[6]があります。

「表層的多様性」とは，見てすぐに分かることや，単純な決まったやり方で測定できる要素に着目した多様性で，性別，年齢，人種などの物理的特徴，さらには文化的な特徴や性向などが該当します。「深層的多様性」とは，心理学的特徴における違いであり，非言語も含めたコミュニケーションを通じて分かってくる要素に着目した多様性で，態度，信念，価値観，知識，スキル，性格などが該当します[7]。表層的多様性による影響は時間の経過とともに弱まりますが，深層的多様性による影響は逆に強まることが指摘されています[8]。

そうすると，深層的多様性の要素に注目すべきという

6　Harrison, D. A., Price, K. H., & Bell, M. P. (1998). Beyond relational demography: Time and the effects of surface-and deep-level diversity on work group cohesion. *Academy of Management Journal*, 41(1), 96-107.

7　谷口真美（2008）.「組織におけるダイバーシティ・マネジメント」『日本労働研究雑誌』，574，69–84.

8　Harrison, D. A., Price, K. H., Gavin, J. H., & Florey, A. T. (2002). Time, teams, and task performance: Changing effects of surface-and deep-level diversity on group functioning. *Academy of management journal*, 45(5), 1029-1045.

ことになります。

さて，深層的多様性の要素は，内容的に重なり合う部分もありますので，相互に関連して複雑な関係になっていることがあります。そのため，どの要素を基点にして多様性をみていくかを考える場合，氷山モデル（全体像を把握するとき，見えている上側部分と見えていない下側部分，つまり表層的な要素と深層的な要素という二つの階層で捉える思考方法）を参考にして，より深いところにあるのはどちらの要素になるかを考えれば整理しやすいと思います。

本書の教育プログラムでは，深層的多様性の要素の中で性格の違いを生む最も根源的な要素である認知スタイルに着目しました。そして認知スタイルを理解する理論としてユングのタイプ論を利用することにしたのです。

ところで，多様性の要素によっては，協調設計において考えた手続き方法を，直接的に適用しても問題がないものもあれば，直接的に適用してしまうと問題が生じるものもあります。

そこで，タイプ[9]を目印にする場合，二つの制約があることを，ここで触れておきます。

一つ目は，タイプを診断するための正規の心理検査としてはMBTI[10]の質問紙法がありますが，購入と使用は専門資格者に限られているということです。二つ目

9　ここでいうタイプとは，ユング心理学のタイプ論でいうタイプです。

は，MBTIの倫理規程により，タイプについての個人情報を個人にとって不利益になるような使い方をしてはならないことが定められており[11]，その解釈として，人事配置やチーム編成のための選別として診断結果を利用することはできないということです。もちろん，この規程は同協会のルールですが，タイプ論から導かれる「タイプ」という個人情報を，採取し，取り扱い，管理をする者は，同じ道徳観と倫理意識を持たなければならないでしょう。なお，これらの制約は，タイプ論という性格理論を理解すれば，当然の論理的帰結として納得できるものです。つまり，見えないタイプという要素は，個人の自己探索（タイプの仮説構築と仮説検証の繰り返し）によってでしか真実の答えに近づけないということなのです。したがって，倫理原則[12]に違反したタイプ論の利

10　ユングのタイプ論をもとにした国際規格に基づく性格検査のことです。参考文献：MBTI日本協会 (n.d.). MBTI®とは．https://www.mbti.or.jp/what/

11　「タイプについての個人の情報は，第一にまずはその個人の利益のために使用すべきであり，その後に，組織全体のために使用すべきである。実施者側のみの利益のために使用することは倫理違反に当たる。」(MBTI認定ユーザー関係例規集　改定第４版　第一原則　第５条)

12　臨床現場・学術研究・企業活動を問わず，「倫理四原則」（Respect for Autonomy：自律尊重原則，Non-maleficence：無危害原則，Beneficence：善行原則，Justice：正義）に則った判断と行動が求められます．この原則が形成された歴史的過程をみると，忌まわしい非道とそれへの反省があり，大変重い意味を感じます．ユングのタイプ論を利用するときも，タイプの自己決定権を尊重すること，タイプを使って人に不利益を与えないこと等に気をつけなければなりません．

表1-1　タイプ論を用いて協調設計をする際のアプローチの分類

（筆者作成による）

		個人のタイプの見立て方	
		タイプ直接活用型の協調設計をするアプローチ（独自のテストでタイプを判定する）	タイプ活用教育型の協調設計をするアプローチ（タイプの仮説構築ができるよう知識の提供と自己探索の支援を行う）
タイプ論の知財の利用範囲	ハイエンド志向のアプローチ	MBTIに類した指標とテストを用いてタイプを判定したうえで，その判定したタイプの特徴を生かした役割を付与する。	MBTIを用いて，タイプの自己理解・他者理解を支援し，状況適応的なふるまいを自ら考えさせる。
	ローエンド志向のアプローチ	実例なし	公知範囲（=MBTIの知財に抵触しない範囲）のタイプ論を用いて，タイプの自己理解・他者理解を支援し，状況適応的なふるまいを自ら考えさせる。

注）1．MBTIとは，世界的に普及しているタイプ論のメソッドです（本文参照）。
2．「タイプ直接活用型の協調設計」におけるタイプの見立て方と扱いは，タイプの決めつけになり，タイプ論の倫理的利用に抵触するため，MBTIの購入・利用は制限されます。

用の仕方としては，タイプの診断結果を確定的あるいは固定的に扱うこと，タイプの診断結果を受け入れるしかない状態にすることがあります。それは，自己決定権の侵害になるだけでなく，タイプに基づく自己理解をミスリードする可能性や不本意に納得させてしまう危険性もあるのです[13]。

以上のことを踏まえたうえで，筆者が便宜的に分類した呼び方になりますが，タイプを利用したチームづくりのアプローチについて説明します。

表1-1 は，タイプ論を用いて協調設計をする際のアプローチを，筆者の理解に基づいて分類したものです。その分類では，２軸（「個人のタイプの見立て方」と「タイプ論の知財の利用範囲」）の観点から，四つのアプローチに分けました。

まず，「タイプ直接活用型の協調設計をするアプローチ」とは，課題達成のために効果的と考えられる協調（あるいは，協働）のあり方を，タイプ論を利用して実現していけるよう，特にメンバーの選定・編成・役割分担などについて介入を行うアプローチです[14]。

このアプローチをとる場合，まず，メンバーの選定・編成・役割分担を検討するうえで必須の目印になる個

13　人の真のタイプが，両極のうちどちらの極であるかは，誰にも分かりません。個人のタイプのデータを採取し扱うときは，自己決定権を侵害しないようにする必要があります。そのため，タイプ論の知識を提供したうえでタイプの仮説検証を繰り返してもらい，その時点で本人が考える仮説タイプを報告してもらうようにするのがよいでしょう。

14　「チームの効果性モデル」（第４章１（2）参照）において，個人レベルの変数の何に着目するかは自由です。しかし，人に由来するデータを利用する場合，倫理上の問題が生じない手続きをあらかじめ検討しておくことが必要です。ただ，学問分野が異なるとカルチャーの違いから気づかないこともあるので，大学の研究倫理審査委員会に申請して承認を得る過程で，指摘を受けられるようにすることが重要です。

人のタイプの情報を得る必要があります。しかし，そもそもMBTIの心理検査は使えません。なぜなら，マテリアルの購入では購入資格と使用目的を問われるからです。そのため，ユング心理学のタイプ論とは別の内容で，タイプの構成概念を理論構築するとともに，信頼性と妥当性のある心理検査を独自に開発することが必要になります。このアプローチに正面から取り組むとしたら，ハイレベルの能力と明確な目的意識が要るでしょう。おいそれとはできません。また，このアプローチを完遂したとしても，診断結果を確定的に扱いますので，タイプの倫理的利用という面での問題は残ります。このアプローチの実例は，開発経緯で示したTeamology（第１章４）を参照してください。

次に，「タイプ活用教育型の協調設計をするアプローチ」とは課題達成のために効果的と考えられる協調（あるいは，協働）のあり方を，タイプ論を利用して実現していけるよう，特に状況適応的な役割分担が自律的に促進されるようにマインドセットとスキルセットについて教育的介入を行うアプローチです[15]。ところでこのアプローチをとる場合，ユング心理学のタイプ論を理論的基盤にしてタイプを理解するのですが，公知範囲のタイプ論を超えて，MBTIが開発して拡張したタイプ論の内容（ユングが提示していない新たな構成概念や，それを利用した主機能・補助機能の推定方法）までを取り入れるのか，取り入れないのかで，「ハイエンド志向のアプローチ」と「ローエンド志向のアプローチ」に分けることができます。そこで，どう違ってくるのかを説明します。

「ハイエンド志向のアプローチ」をとる場合は，MBTIの知財を利用するので精緻な説明が可能になります。反面，MBTIを正規に利用するために，マテリアルの購入・使用・教示方法などに関してMBTIのルールに従うことになります。つまり，ハイスペックであるだけに金銭的・所要時間的なコストは嵩むのです。

そのため，リソースに余裕のある組織（財政力のある教育機関や企業）にとっては現実的選択肢になるのではないかと思います。

ところで，このアプローチであっても，MBTIを正規に利用しないやり方も可能です。なぜなら，MBTIの知財を模した独自ツールを使用したもの（以下「疑似ツール」）が世に出回っているからです。喩えていうなら，有名ブランドには偽物があるような感じです。なぜ問題

---

15 「チームの効果性モデル」（第4章1（2）参照）における個人レベルの変数として「タイプ（実質的には，認知スタイル）」に着目することまでは「タイプ直接活用型の協調設計」と同じです。しかし，「タイプ活用教育型の協調設計」では，データの採取の仕方とデータの取り扱い方は違います。教育的介入により，個人が，タイプの仮説構築ができるようになること，タイプの自己理解・他者理解を深めること，状況適応的なふるまいを考え・試行できるようにすることを支援します。

を孕んだ「疑似ツール」が出現してくるのかというと，タイプ論の倫理的利用の必要性と重要性を知らない人たち（特に若い世代）において，お手軽にタイプ診断したいという需要があるからです。そのような需要を捉えて，インターネットのホームページでタイプ診断を無料でできるようにしたうえで，深く知りたい人向けに別資料を有料販売するという商法が，国内外で見受けられます。「疑似ツール」は，正規のMBTIと似て非なるものですし，自己理解を正しい手順でガイドしてくれるものではないと思いますので，利用は控えたいものです。

一方，「ローエンド志向のアプローチ」をとる場合は，ボトムライン[16]の発想に基づき，自他の認知スタイルの異同を基本的に理解することでよしとします。

換言すると，自他の認知スタイルの異同を基本的に理解するためには，タイプ論のフレームワークを理解できればよいとするのです。つまり，個人カウンセリングをするためではなく，違和感のある相手に対しても人格否定せずに認知スタイルが違うからだと思えるようにするためなので，ユング心理学のタイプ論についての公知範囲の知見で十分であると割り切るのです。

16　ボトムライン（Bottom Line）とは，一番重要な点や最終的な結果を意味します。福田（2005，pp. 141–144）は「最低限どこまで達成すればよいかの判断こそが一番重要であり，手を抜くこととは全く違う」と述べています。参考文献：福田収一（2005）．『価値創造学』．丸善．

このローエンド志向のアプローチのメリットは，三つあります。一つ目は，自他の認知スタイルの異同を基本的に理解できるだけの知識が身に付くことです。具体的には，構え（興味関心の向け方），知覚機能（情報の取り入れ方），判断機能（結論の導き方）についての自他の異同を考えられるようになります。二つ目は，心理検査を使わずに，個人でタイプの仮説を構築し，違和感があれば，仮説を修正していけることです。自己決定権の侵害など倫理的な問題が生じません。三つ目は，構成員教育に適した実用性があることです。実施費用が低コストで済むこと，講師は有資格者でなくてもできること，受講者を多人数にできること，マインドセットとスキルセットの教育を自由設計できることなどです。

3　教育プログラムの概要・特徴・留意点

それでは，本書で独自の定義のもとに使用している用語を説明してから，「タイプ活用教育型の協調設計をするアプローチ」のもとで「ローエンド志向のアプローチ」がとれるように開発した教育プログラムの概要・特徴・留意点について解説します。

最初に，本書における用語の定義[17]を示しておきます。

17　参考文献：杉本洋一（2022).「自己理解・他者理解の促進を通じて寛容性を高める教育プログラムについての検討」博士論文，放送大学，千葉，p. 29.
放送大学機関リポジトリ．https://ouj.repo.nii.ac.jp/records/8685

〈本書における用語の定義〉

タイプ論のフレームワーク

「ユングがタイプ論で仮定した三つの指標（構え・知覚機能・判断機能それぞれにおける二項対立の両極構造）と，それらによる全体としての構成である」とします。

指向[18]

「個人が，タイプ論のフレームワークのそれぞれの極に対して感じている，あてはまりのよさである」とします。

仮説タイプ

「個人が，自己の指向を解釈することで立てた自己の真のタイプに対する仮説である」とします。

自己理解

「個人が，自己の仮説タイプをもてるようになることである」とします。

他者理解

「個人が，他者のふるまいなどに基づいてその者の指向を解釈し，その者の真のタイプを推定するとともに，その他者とのかかわり合いから生じる相互作用を考えられるようになることである」とします。

18　指向する極は，両極構造の対極に比べて心的エネルギーの配分が多くなります。そのため，いわば「利き手」になり，先にうまく働きます。タイプ論においては，この指向する極は生まれつきのものとされています。なお，ユングは確かに「指向」という考え方を持ってはいましたが，MBTIでいう「preference」ような明確な概念としては説明していません。

自分らしさ

「個人が，自己理解を踏まえて導き出した自己の中核となるセルフイメージのことである」とします。

寛容

「自己と相違する他者の異質性と，他者と相違する自己の異質性を，尊重の念をもって受け容れることである」とします。

寛容性

「寛容であるという性質や傾向のことである」とします。

多様性

「人の持つあらゆる属性の次元である」[19] とします。

ここで多様性の定義に関連して，diversity をカタカナの「ダイバーシティ」にして使うときと，漢字の「多様性」にして使うときの文脈の違いを整理しておきます。「ダイバーシティ」は，主に，人々の背景や特性（性別，人種，宗教，性的指向，身体的能力，年齢，文化的背景など）の違いを取り上げ，その違いを尊重し，受け容れ，活用すべきという文脈で使われています。使用例：「ダイバーシティの推進」。

他方，「多様性」は，主に，多くの異なる要素や特性が存在する状態を指したうえで，その個々の要素につい

19　属性とは，個人の特性や背景を示す要因のことです。次元とは，特定の属性を識別・計量するための尺度のことです。したがって，例えば，人の属性の一つである「年齢」は，１歳刻みでの年齢表記が次元になります。

ての価値判断は含まない文脈で使われています。使用例：「多様性のある生態系」。

本書では，チームメンバーの持つあらゆる属性の次元の中から特定の要素をとりあげて協調設計を考えていこうとしているのであり，どの要素に対しても思い入れとしては中立的な立場です。したがって，「多様性」を使用しています。

それでは，用語の定義を踏まえて，まず，**教育プログラムの概要**について解説していきます。

〈教育プログラムの目的〉

学習者の「自己理解」「他者理解」を段階的・循環的に促進し「寛容性」を向上させることで，「心理的安全性」の向上を図り，学習者が「自分らしさ」を発揮できるようになることを支援します。また，自他の「自分らしさ」の発揮が，正と負の両面の相互作用を生むことを知識的・体感的に理解させることで「メタ認知」と「批判的思考」を育成し，学習者が「自分らしさ」を状況適応的に発揮・抑制できるようになることを支援します。

〈教育対象者と受講者人数〉

構成員教育として行う場合は，一人の講師につき40名前後が受講者の上限人数になります。既存チームの組織開発として行う場合は，そのチームの人数によります。

〈講師の条件〉

講師については，タイプ論の専門資格者であることは必要ありませんが，専門知識があることは望ましいです。また，マインドセットとスキルセットのコンテンツについて説明できるレベルの理解が必要です。

〈カリキュラムの特徴と構成〉

深層的多様性の要素である認知スタイルに着目し，自他の認知スタイルの違いを理解するための理論的基盤として，ユング心理学のタイプ論を利用します。また，マインドセットとスキルセットのコンテンツとして，認知心理学，社会心理学など心理学全般の知見を利用します。演習はオリジナルの内容で，pasta building（乾麺工作）などによる課題演習と実施後の振り返りを行います。

カリキュラムの構成は，講義と演習を組み合わせて実施します。大学の授業として実施する場合の標準的な必要時間は，22.5時間（90分／コマ×15コマ）です。なお，講義部分のコンテンツを抽出して知識教育だけをする場合は，講義時間の自由設計が可能です。

〈教育効果〉

履修者の感想から引用すると，次のような教育効果が窺われます。

- チームに関する先行研究の要点を知ることができた。

- タイプ論に基づいて認知スタイルを考えることができた。
- 自分の認知スタイルの仮説を立てることができた。
- 他者の認知スタイルを推定することができた。
- 自分らしさの状況適応的な発揮と抑制の仕方をメタ認知できた。
- 「他者と違う自分」にも「自分と違う他者」にも寛容になれた。
- 寛容性の向上を通じた心理的安全性の向上を実感できた。
- マインドセットとスキルセットが何かを理解できた。

次に，**教育プログラムの特徴**について解説します。五つあります。

①教育プログラムの基軸に「自己理解・他者理解・寛容性向上」を位置づけていることです。

まず，タイプ論の三つの指標を座標軸として自己理解が促進されます。自己理解が深まることで他者理解も深まっていきます。また，他者理解が深まることで，さらに自己理解が深まっていくという逆の関係も起こります。そのような自己理解と他者理解が段階的・循環的に促進されるプロセスを通じて，あるいは，その結果として寛容が育成され寛容性も向上することを支援しています。

②寛容のパラドックス[20]が起こらないようにしていることです。

寛容は，協働の基盤をつくる態度・志向であり，個人間の健全な批判や合理的な主張・反論を封殺しないことが，極めて重要になります。他者に同調するのではなく，他者を受け容れ，是々非々で私と他者が主張し合える関係になれることこそ，協働の基盤づくりに必要な寛容のあり方です。そのため，教育プログラムでは，自他の見方の違いを理解するための心理学の知識だけでなく，協働の基盤を危うくすることに気づくための知識や，それを指摘するための取り組み方についても学習できるようにしています。例えば，「ダウトパーソン」（第4章5（6））の概念を説明し，理解を図ったうえで，演習で試行してもらっています。

③ユング心理学のタイプ論の導入・利用は，ボトムライン（Bottom Line）の発想により必要最小限の範囲にとどめたことです。

このローエンド志向のアプローチは，教育プログラムの実施を容易にすることにも有用でした。

20　英国の哲学者ポパー（Sir Karl Raimund Popper, 1902-1994）は「無制限の寛容は寛容の消失へ行き着かざるを得ないというパラドックスである」と述べています。参考文献：ポパー，K. R.（著），内田詔夫・小河原誠（訳）（1980）．『開かれた社会とその敵 第1部』．未來社，p. 289.（Popper, K. R. (1950). *The open society and its enemies.* Princeton University Press.）

④ユング心理学のタイプ論の利用における倫理面の遵守に細心の注意をはらっていることです。

タイプ論の利用で陥りがちな危険として自他のタイプに関する「決めつけ」がありますが，そのようなことが起こらないように説明・指導を十分に行っています。

⑤以上のような特徴を持つ協調設計の方法論は，国内外の先行研究をみても他にはありません。

つまり，この教育プログラムしかありません。

最後に，**教育プログラムの留意点**について解説します。

〈実施者側における留意点〉

まず，タイプ論は一つのフレームワークであり，個人の特性や行動を網羅的に説明できるわけではありません。柔軟な考え方を持ち，そのとき・その場の状況を考えることも必要です。

次に，タイプに基づいて人々にレッテルを貼るような言い方は避けるべきです。頭で分かっていても，軽率な言動が出ることが誰にでもあります。常に自戒しておく必要があります。タイプは個人の理解を助ける道具の一つとして使用すべきであり，人を規定するためのものではありません。

そして，受講者からのフィードバックを受け入れ，プログラムを適応・改善していくことが重要です。

最後に，勉強不足のまま，自己流の解釈でタイプ論を補足することは危険です。常に自戒しましょう。

〈受講者側における留意点〉

まず，自分のタイプや他者のタイプに固執せず，異なる視点や考え方を受け入れる姿勢を持つことが重要です。

次に，自分のタイプを知ることは，自分の強みや弱みを理解する手助けになります。しかし，それにとらわれずに自己成長を目指すことも大切であることを忘れないようにします。換言すると，タイプを自分の言い訳にしないということです。

そして，知識を活用して，チーム内でのコミュニケーションや協力を効果的に行うための方法を探ることが重要です。

さらに，タイプ論の教育が終わった後も，自分自身や他者との関係を深めるための学びを継続することが望まれます。

最後に，タイプ活用教育型の協調設計をする教育を受講したい場合，ハイエンド志向を望むならばMBTIの正規研修を受講することをお勧めします。

4　開発経緯

筆者は，2010年３月，企業から大学（香川大学）に出向（キャリア支援センター副センター長・客員教授）

しました。その翌月には文科省補助金事業に応募するワーキングチームの一員になり，各学部の課題解決型学習（Project Based Learning：PBL）[21]への取り組みを調査することになったのです。

そして，当時の工学部を訪ねたことから，荒川雅生教授のPBL授業に参加するようになりました。その授業では，スタンフォード大学機械工学科の２年生が選択科目として学んでいるTeamology[22]を導入していました。

Teamologyとは，同大のワイルド名誉教授（Douglass James Wilde, 1929-2021）が，エンジニアリングデザインチームの協調設計のために考案したチーム編成の理論と方法論[23,24,25,26]です。

ちなみに，エンジニアリングデザイン（engineering design）とは何かというと，複雑な問題を解決するために，制約条件の下で最適解を見つけ出すためのシステマティックなプロセスであり，問題の定義，情報の収集，可能な解決策の生成，解決策の分析と選択，そして解決

21　PBLには，「問題解決型学習（Problem Based Learning: PBL）」と「課題解決型学習（Project Based Learning: PBL）」があります。前者（Problem Based Learning）では，主に教師が事前に設定した問題の解決を通じて学習が進められます。このアプローチは学習の中心として特定の問題を使用することを重視します。一方，後者（Project Based Learning: PBL）では，学生が自分自身のプロジェクトを設計，計画，実行することに焦点が当てられます。より広範で多面的なアプローチで課題の解決に取り組ませることで，必要な知識とスキルを自ら学ぶようにさせるためです。

22　Teamologyの訳は，チーム学になりますが，現在の学問体系には「チーム学」という学問分野や学問領域はありません。

策の実装と評価の各ステップを含みます[27]。そのような問題に取り組むために，エンジニアリングデザインチームでは，異なる専門知識や経験をもったメンバーを集めて，その違いが生かされるように協調設計されることがあります。Teamology は，そのような場面で活用される方法論になるのです。

さて，しばらくして筆者は Teamology を深く理解するためには，ユングのタイプ論を理解しなければならないことに気づきました。そこで約３年かけて，MBTI の専門家になるための民間資格（MBTI 認定ユーザー[28]）を取得しました。そしてその資格者の立場から Teamology

---

23　Teamlogy のチーム編成理論が解説された日本語の論文です。
参考文献：飯野謙次・Wild, D. J. (2007).「ユングの性格論を利用したチーム形成」『機械の研究』，59 (1)，155-162.

24　ワイルドが Teamology について書いた最初の著書です。
参考文献：Wilde, D. J. (2009). *Teamology: the construction and organization of effective teams.* London, UK. Springer-Verlag.

25　Teamology の理論部分を中心に解説した日本語の書籍です。
参考文献：飯野謙次（著）, Wilde, D. J.（監修）(2012).『設計の科学　チームづくりの数学　―ユング分析心理学とプラトニック変換―』. 養賢堂.

26　ワイルドがスタンフォード大学の授業で使用するために書いたテキストです。参考文献：Wilde, D. J. (2013). *Post Jungian personality theory for individuals and teams.* SYDROSE LP

27　ABET. (2019-2020). Definitions. In Criteria for accrediting engineering programs. https://www.abet.org/accreditation/accreditation-criteria/criteria-for-accrediting-engineering-programs-2019-2020/

28　MBTI 認定ユーザーとは，MBTI の関係機関が認定した資格者のことで，MBTI のマテリアルを取り扱うための専門教育を受けた後に審査に合格した者のことです。
参考文献：MBTI 日本協会. (n.d.). MBTI® とは.
https://www.mbti.or.jp/what/what3.php

に向き合っていくと，主にタイプ論の倫理的利用の点で問題意識が生じてきました。そのため，自我形成の曖昧な人に対するタイプ理解を支援するアプローチで協調設計をしていく方法論を開発したいと思うようになりました。

そこで，このような問題意識をもって2回（2012年と2013年），荒川雅生教授（工学部），清水裕子教授（医学部），筆者の3人で渡米し，ワイルド先生と意見交換をさせていただきました。その訪問時に現地でお世話をいただいたのが，福田収一先生（スタンフォード大学コンサルティングプロフェッサー）でした。それ以来，私淑し，ご厚情を賜っています。

このようにして諸々のことに理解が深まっていくと，教育プログラムの開発にあたっては，タイプ論利用上の知財面や倫理面での制約条件を踏まえたうえで，社会実装可能な協調設計の方法論にしていくことが鍵になると思いました。

振り返ると試行錯誤もあって定式化するのに足掛け10年かかりました。プロトタイプとして出来上がったのが本書の教育プログラムです。その内容を博士論文「自己理解・他者理解の促進を通じて寛容性を高める教育プログラムについての検討」にまとめ，放送大学大学院の博士課程を修了（学術博士）したのは63歳のときでした。

今思えば，浅学なままに心理学と工学にまたがる学際的なテーマに挑戦したことは無謀でした。人生の一時期を捧げた日々は，さあやるぞと思う朝と，静思の夜の繰り返しで，長いトンネルの中にいるようでした。しかし，開発に駆り立てた自らの衝動や思い込みのような使命感を考えると，自分のタイプ（INTJ：主機能が内向直観で，補助機能が外向思考）を実感します。

5　教育プログラムのマインドセットとスキルセット

〈実践を支える「マインドセット」〉

マインドセット（mind set）とは，信念体系や思考の傾向などを含む心的なフレームワークを指します。そのため，個々の人が，物事をどのように解釈し，どのような行動を起こすかに大きな影響を与えます。マインドセットは，問題解決の方法，挑戦への対処，自己評価，他者との関係性，そして成長の可能性の捉え方など，多くの面での意思決定や行動に関わっているのです。

タイプ活用教育型の協調設計が，十分な実効性を持つためには，教育の最初に次のような認識をしっかり植え付け，かつ，受講者全員の共有メンタルモデルにすることが重要です。

一つ目は，「自己理解・他者理解の着眼点は認知スタイル」ということを理解してもらうことです。先述したように，本書における「自己理解」の定義は「個人が，自己の仮説タイプをもてるようになることである」です。また，「他者理解」の定義は「個人が，他者のふるまいなどに基づいてその者の指向を解釈し，その者の真のタイプを推定するとともに，その他者とのかかわり合いから生じる相互作用を考えられるようになることである」です。多様性を生かすうえで，深層的多様性の奥底に位置する要素としての「認知スタイル」に着目し，それをユング心理学のタイプ論を座標軸にして，自己のタイプの仮説構築と他者のタイプの推定に取り組むこと，その取り組みの良し悪しが，協働の質に直接関係することを明確に意識づけるのです。

ちなみに，ユングは，自分自身を深く知り，自分の中の可能性を実現していくことを「個性化（individuation）」という概念で提示しました。そして，個人が「無意識の意識化」や「影との対話」などを通して自分自身と向き合いながら真の自己を発見し，その自己と調和していくプロセスを，「個性化の過程（process of individuation）」と呼びました。深層的多様性の根源的な要素である認知スタイルを，タイプ論を座標軸にして解釈し，自己理解・他者理解を循環的に深めていくことは，個性化の過程といえるでしょう。

二つ目は，「協調設計の要点は『自分らしさ』の発揮と抑制」ということを理解してもらうことです。先述したように，本書における「自分らしさ」の定義は「個人が，自己理解を踏まえて導き出した自己の中核となるセルフイメージのことである」です。自己理解は，自分らしさが強みと弱みになる状況のイメージをもてるようになることも含みます。また，他者理解は定義のとおり自己と他者の自分らしさが干渉し合うことも想像できるようになることを含みます。そして，自分らしさを，特定の状況の中で，どのように発揮し抑制すべきかを想像できるようになることが，相補的協働や互いの信頼感や心理的安全性に影響することを明確に意識づけるのです。

三つ目は，デザイン思考です。デザイン思考は，ユーザー中心のアプローチを取り，多様な視点から問題を見つめ，創造的な解決策を生み出すプロセスとして知られています。デザイン思考への期待は，一頃より落ち着いてきており，ハイプ・サイクル[29]でいうと「幻滅期」から「回復期」のあたりに来ているように思います。実際に取り組んでみると，人的リソースがなければ本当の真似はできないし，そもそも長年浸み込んでいる思考と行動の習慣を新たに上書きするのは難しいことを実感します。同様の印象をもった組織も多いのではないでしょうか。とはいえ，デザイン思考には，日本人が生み出した手法（QCやKJ法）も導入されていて，なじみやすいところもあります。大事なことは「いまいるところで，いまあるもので，できることをする」[30]という姿勢で，身の丈に合わせて活用することだと思います。

29　ハイプ・サイクル（hype cycle）とは，新技術の期待と採用を５段階（黎明期，過度な期待期，幻滅期，啓発期，生産性の安定期）で示すモデルのことです。
参考文献：Gartner（n. d.）．ガートナー ハイプ・サイクル．https://www.gartner.co.jp/ja/research/methodologies/gartner-hype-cycle

また，幸いなことに，スタンフォード大学の d.school におけるデザイン思考の教育内容が，具体的かつ詳細に書かれている一般書も世に出てきました。本書では，教育プログラムのマインドセットに取り入れたデザイン思考の考え方を，廣田（2022）の「デザイン思考」[31] から引用して説明します。

四つ目は，「量子力学と東洋思想」です。これについては，授業で話すことは控えましたが，タイプ論を理解し実践するうえで思想的バックボーンになると思います。ユングは，分析心理学のパイオニアでありながらも，その領域にとどまらず，東洋哲学や物理学にも関心を持っていました。特に，易経（周易）[32] や量子力学[33] の概念に深く関心を寄せ，これらをタイプ論の基盤とし

30　米国第26代大統領，セオドア・ルーズベルト（Theodore Roosevelt, 1858-1919）の名言に「Do what you can, with what you have, where you are.」があるといわれています。ただし，伝記を読むと，本人のオリジナルの言葉ではなく，家庭的な哲学の一節を紹介した言葉であったことが分かります。この言葉は，自分の置かれている状況や条件を理由に行動を避けるのではなく，手元にあるものや現在の状況で最善を尽くし，前向きに行動することを説いています。まさに西部の開拓魂です。
参考文献：Roosevelt, T. (2011). *The Autobiography of Theodore Roosevelt.* Simon & Brown, p. 256.

31　廣田章光(2022).『デザイン思考　マインドセット＋スキルセット』. 日経 BP 日本経済新聞出版.

32　易経（周易）は，紀元前 9 世紀頃に成立した中国最古の古典で，陰陽の原理を説きます。陽は，活動・発展・分化の働き，陰は，含蓄・統一・調節の働きです。17世紀の数学者・哲学者ライプニッツ（Gottfried Wilhelm Leibniz，1646-1716）は，易経から二進法のインスピレーションを得たといわれています。

てもっていたことが窺えます。「量子力学と東洋思想」は，マインドセットにすべしというよりも，あくまでこのような思想に関心がある人は，教育プログラムの根底にある考え方を，受け入れやすいという意味で捉えてください。

〈実践で活用する「スキルセット」〉

スキルセット（skill set）とは，一般的には，特定の仕事やタスクを達成するために必要な能力，知識，技術，そして経験の組み合わせを指します。ここでは，「タイプ活用教育型の協調設計」の学習内容に含めることが協働の質を高めることに役立つと考えた先行研究の知見や理論のことになります。

そもそもチームについての独立した学問の分野や領域はありません。そのため，チームに関する知見や理論は，いろいろな学問分野から個別に引用することで成り立っているのです[34]。このような事情があるため，チームについて勉強しようとするとき，全体像を体系的に理

33　量子力学は，20世紀初頭に形成された物理学の一分野で，電子や光子などの微視的な粒子のふるまいを説明し，宇宙全体の性質を理解するための基盤を提供する理論です。主要な貢献者には，アインシュタイン（Albert Einstein, 1879-1955），プランク（Max Planck, 1858-1947），ボーア（Niels Bohr, 1885-1962），シュレーディンガー（Erwin Schrödinger, 1887-1961），ディラック（Paul Dirac, 1902-1984）らがいます。

34　「チーム学」という特定の学問分野が存在しない主な理由は，チームに関する研究が複数の学問分野で展開されているためです。心理学，経営学，教育学，コミュニケーション学など，それぞれの学問分野で，独自の視点からの研究がなされています。

解することは，独習者にとって意外に難しいのです。また，一般の人にとって分かりやすく，かつ，体系的に書かれた書籍も数えるほどしかありません。逆に，人気のあるテーマや流行りのテーマがタイトル名に入った書籍は多くあり，知識の提供が偏在していると思われます。

そこで，「タイプ活用教育型の協調設計」の教育プログラムでは，５つのカテゴリー（チームという協働形態を理解する（第４章１），チームの活動を理解する（第４章２），チームの成果を理解する（第４章３），協働のプラス面を理解する（第４章４），協働のマイナス面を理解する（第４章５））に分けて，先行研究の知見をまとめました。

第2章

教育プログラムの理論的基盤

本章では，タイプ活用教育型の協調設計として開発した教育プログラムの理論的基盤を解説します。まず認知スタイルを解釈する座標軸として利用する「ユング心理学のタイプ論」を詳説します。そして，その理解が認知資源となって機能する「高次の思考」としての「メタ認知」と「批判的思考」について解説します。高次の思考によって，自他の認知スタイルの異同についての理解が深まることで「他者と異なる自分への寛容と自分と異なる他者への寛容」が育成され，自己肯定感，他者肯定感，寛容が高まることを説明します。そして寛容は，個人が場に対して安心感を抱ける状態を指す「心理的安全性」や，チームメンバーに共有する状態としての「チームの心理的安全性」を高めるうえで土台になることを説明します。

教育プログラムが，構成員の「自己理解，他者理解，寛容性向上」を基軸にして，個々の間の相互作用に好循環を生み出すそうとしていることを，理論的基盤と対応させて解説します。

1　ユング心理学のタイプ論

（1）概要説明

〈タイプ論の学術的位置づけ〉

ユングのタイプ論（Jung's theory of psychological types）は，スイスの精神科医・心理学者ユング（Carl Gustav Jung, 1875–1961）が提唱した性格心理学の理論です。性格心理学とは，個々の人々がどのように思考し，感じ，行動するかを理解しようとする学問領域です。

さて，性格心理学には，性格の違いを理解し，予測し，説明するための方法論構築において，特性論（Trait theory）と類型論（Type theory）という二つの主要なアプローチがあります。ユングのタイプ論は，類型論に属します。

まず，特性論と類型論の基本的な違いを簡単に説明しておきます。特性論（Trait theory）は，人間の性格は一連の特性（traits）または傾向によって決まるという考え方に基づいています。これらの特性は，個々の人々がどのように行動するかを予測するために使用されます。

有名な特性論の理論には，ビッグファイブ（神経症傾向，外向性，開放性，友好性，誠実性）やアイゼンクの３因子モデル（外向性，神経症傾向，精神病質傾向）などがあります。特性論のアプローチでは，性格を構成するいくつかの特性を数量化し，相対比較して主要な特性を同定しようとします。アンケートの回答結果を統計解析することで因子構造やモデルの妥当性を検証することが必要になります。そのため，コンピュータの発達・普及とともに隆盛となり，現在ではビッグファイブ理論が性格心理学（あるいは，パーソナリティ心理学）全体での通説になっています。

一方，類型論（Type theory）は，人々が特定のカテゴリーまたは「タイプ」に分類されるという考え方に基づいています。これらのタイプは，人々の思考，感情，行動のパターンを説明するために使用されます。外観的に分かることから類型化することは昔からされていました。例えば，アリストテレスの愛弟子テオプラストス(紀元前371年－紀元前287年)は，古代ギリシャの巷(ちまた)に暮らす民衆の身すぎ世すぎの姿を描写しました。テオプラストスの死後にまとめられて「人さまざま」[35]という本になっています。

学術的な理論としては，ドイツの精神医学者クレッチマーの体格－気質類型論，米国の心理学者シェルドンの発生的類型論，ユングのタイプ論などがあります。以下では，ユングのタイプ論について詳説します。

〈ユングの葛藤の中で生まれたタイプ論〉

ユングは，オーストリアの神経科学者で精神分析学の創始者フロイト（Sigmund Freud, 1856–1939）の著書「夢判断」[36]を読んで感銘し，彼と文通を始めました。二人とも無意識に関する深い関心を持っていたからです。また，ユングは言語連想検査[37]によってコンプレックス[38]

35　テオプラストス（著），森進一（訳）(1982).『人さまざま』. 岩波文庫.

36　夢判断（Die Traumdeutung）の英訳名は「The Interpretation of Dreams」です。同書はフロイトの主著で，（当時の本に印字された出版慣行上の1900年という年ではなく）1899年の出版です。

37　ユングは，自身の考えた「コンプレックス」の実証手段として言語連想検査を開発しました。被験者に特定の刺激単語を提示し連想を述べさせたとき，応答が遅れたり通常とは異なる反応を示した場合，コンプレックスと関連づけて解釈します。

の存在を実証しましたが，それはフロイトのいう抑圧[39]を支持することにもなりました。フロイトは，1907年，ユングを自邸に招待しました。初対面の二人は，13時間に及ぶ情熱的な対話をし，その後，約６年間続いていく蜜月期間の始まりとなりました。

ただ，フロイトとユングの間には，互いの役割や期待に関する認識の違いが存在しました。フロイトはユングを精神分析学の後継者として見ていましたが，ユング自身はフロイトの弟子であるという気持ちはなく，フロイトの学説に追随することはしませんでした。

また，当時のユングは，着想を得ようとして主にドイツ観念論哲学[40]やロマン主義文学[41]などの書物を読み漁っていました。フロイトは，あくまで科学的方法に依拠したいと考えていました。

38　コンプレックス（complex）の語義は「複雑」ですが，ユングが「無意識中の，感情によって着色された表象群」という意味の心理学用語として使い始めました。感情の複雑な塊といえます。参考文献：樋口和彦（1978）．『ユング心理学の世界』．創元社，pp. 66–75.

39　抑圧（repression）は，直面することが苦痛である観念や感情が意識から締め出され，無意識の領域に閉じ込められることを指します。参考文献：牛島定信（2007）．『精神分析入門』．放送大学教育振興会，pp. 30–31.

40　ドイツ観念論は18～19世紀のドイツで興った哲学的流れで，カント，ヘーゲルらが心や精神（観念）の探求をしました。対照されるのが，経験から得られる知識を中心とする17～18世紀のイギリス経験論です。

41　ロマン主義文学は，18世紀後半から19世紀初頭にかけて主にヨーロッパで発展した文学の特徴（感情と個人主義，自然への回帰，超自然的・神秘的，古代や中世のロマン，革命と自由）を指します。

とくに理論的に対立したのは，心のエネルギーの解釈と無意識の解釈でした。前者について，フロイトは，リビドー（libido）[42]を性的な欲動に限定しましたが，ユングは，普遍化して捉えようとしました。後者について，フロイトは，自説の心の階層構造（意識，前意識，無意識）において意識から抑圧[43]された領域が無意識であるとし，意識への再統合で心が発達すると考えましたが，ユングは，自説の心の階層構造（意識→個人的無意識→集合的無意識へとスペクトラム的に深まっていく）において，意識と無意識の関係を相補的・補償的[44]に捉えました。

両者の見解の違いは断絶をもたらし，二人は1913年に訣別してしまいました[45]。それからのユングは，自宅で個人臨床と思索に没頭する日々を続けましたが，フロイトからの訣別宣言はやはり非常な精神的打撃であり，深刻な精神的危機に陥ったのです。また，このようなユングの精神状態には，第一次世界大戦（1914–1918）を前にした時代の空気も影響していました。

42　フロイトは，リビドーを性的衝動を発動させる力と捉える一方で，昇華させれば人間活動の次元が高まると考えました。

43　精神分析学における防衛機制の一つです。

44　ユングは，意識と無意識が互いに相補的・補償的な関係にあるとしました。無意識は，意識の偏りを補償し，全体的な心のバランスを保とうとします。

45　フロイトは，ユングへの手紙（1913年1月3日付）で「私はわれわれの関係を全面的に放棄するように提案します」と書きました。

ユングは，1913年から，自分の夢やヴィジョン（内的に知覚したイメージ）を黒表紙のノートに詳細に書きとめました（通称『黒の書』[46]），そして，それに注釈や描画をつけ加えたうえで，赤い革で装丁されたノートに書き写しました（通称『赤の書』[47]）。このような作業は，1930年まで続きました。ユングが経験した精神的危機は，ユング自身による形容として「創造の病い（Creative Illness）」や「無意識との対決（Confrontation with the Unconscious）」と呼ばれます。

このような精神状態にあった1921年，ドイツ語の著書「Psychologische Typen」[48]（心理的類型）[49]が出版されました。同書は，個人の心理的な違いを理解するための指標を示そうとしたものです。当時，現代の認知科学における「認知」という概念はまだ発展途上でしたが，人

---

46 「黒の書」は，ユング相続者会から今も公開されていません。ユングは黒の書に書いた記録に，注釈や描画を追加し，それを赤い革で装丁されたノートに書き写しました。そのノートのタイトルは「Liber Novus（新たなる書）」で，赤い皮表紙であったことから通称「赤の書」といわれています。

47 ユング相続者会が2009年に『赤の書』を公刊しました。
参考文献：ユング，C. G.（著），ソヌ・シャムダサーニ（編），河合俊雄・田中康裕・高月玲子・猪股剛（訳）（2014）．『赤の書［テキスト版］』．創元社．

48 Jung, C. G. (1921/1960/1967). *Psychologische Typen.* Zehnte, revidierte Auflage. Zürich : Rascher Verlag.

49 本書では，「Psychologische Typen」の訳を，「心理学的類型」ではなく「心理的類型」とする訳し方に倣いました。タイプ論は，心理学的な手法に基づくことではなく心の働きや状態に基づくものなので「心理的類型」の方が適切と考えました。

間の知覚，思考，知識獲得のプロセスに関する関心や議論は当然ありました。例えば，ユングは，フロイトとアドラー（Alfred Adler, 1870–1937）の理論的対立をみて，すべての人間に通じる外向と内向という構成概念の対構造の軸を考え出しました。また，ユングは，自伝において，タイプ論を書いたのは，フロイトそしてアドラーと異なっている自分の見解について，その位置を明らかにする必要があると考えたためと述べています[50]。

タイプ論を出版した翌年の1922年，ユングは，チューリッヒ湖畔のボーリンゲン（Bollingen）に土地を求め，家屋としての塔（Bollingen Tower）を建て始めました。ユングは「学問的研究をつづけているうちに，私はしだいに自分の空想とか無意識の内容を，確実な基礎の上に立てることができるようになった。しかし，言葉や論文では本当に十分ではないと思われ，なにか他のものを必要とした。（中略）最初から塔は，私にとって成熟の場－つまり私が過去，現在そうであり，未来にそうなるであろうものになりうる，母の胎内，あるいは母の像と思えた。」[51] と述べています。

ユングは，自分自身のアイデンティティーの喪失とい

50　ユング，C. G.（著），河合隼雄・藤縄昭・出井淑子（訳）（1973）．『ユング自伝２―思い出・夢・思想―』．みすず書房，p. 11.（Jung, C. G. (1962). *Erinnerungen, Träume, Gedanken von C. G. Jung.* Aufgezeichnet und herausgegeben von Aniela Jaffé. Rascher Verlag.）
51　同上書，pp. 34–37.

う体験を通じて，人間生活のあらゆる場面で人の主観的認識の仕方の違いが重要な原因になることを実感したわけです。それで，個人が経験してきたことを整理し，主観的認識の仕方の違いを理解していくための視点や尺度が必要と考えました。それを学問的水準にまで高めたのがタイプ論です。

ユングの業績を包括的に知りたい人は，医学史家アンリ・フレデリック・エレンベルガー（Henri F. Ellenberger, 1905–1993）が書いた本のユングの章[52]を読んでみてください。

〈タイプ論の誤用に対する警鐘〉

タイプという語は，現代のわれわれの会話でもよく使われているだけに，語義について注意が要ります。ユングのいうタイプとは，心の注意の方向性（構え）と心のプロセス（心理機能）が組み合わさった心の習慣のことです。同じタイプの人は似通った傾向はありますが，人それぞれ個別に独立した心理をもっているため，まったく同じ性格の人はいません。また，性格をタイプですべて説明することはできませんし，すべてをタイプで理由づけしてしまうことは，タイプ論の曲解であり誤用にな

52　エレンベルガー，H. F.（著），木村敏・中井久夫（監訳）（1980）．『無意識の発見（下）』．弘文堂，pp. 289–393.（Ellenberger, H. (1970). *The Discovery of the Unconscious. The History and Evolution of Dynamic Psychiatry*. New York: Basic Books.）

ります。タイプというのは，いわばイメージとして取り出された型であって，現実にそのとおりにそのまま存在するものではないのです。

ユングは，タイプ論の心理機能を四つにしたのは，純粋に経験的に出てきたといい，それは現にあるものを緯度と経度で位置づける四方位に似ていると考えました[53]。そして，ユングが考えた「外向と内向という心の態度類型」と「感覚型・直観型・思考型・感情型という心の活動形式」によって，八つの主機能のタイプ（**図2-2**参照）が生み出されました。このような主観的認識の違いを体系化したタイプ論の本旨は，個人が自らの主観的認識の癖を自覚し，自分を批判的に省察することにあります。

日本にユング心理学を紹介した河合隼雄は「タイプを分けることは，ある個人の人格に接近するための方向づけを与える座標軸の設定であり，個人を分類するための分類箱を設定するものではないことを強調したい」[54]と述べ，タイプ論の皮相的な理解とラベリング的な使い方をしてしまうことに警鐘を鳴らしています。

タイプ論を理解し利用するうえでは「他者だけでなく自分自身のことも含めて，タイプを決めつけない」「タイプをステレオタイプにみる道具にしない」「なんでも

53　ユング，C. G.（著），林道義（訳）（1987）．『タイプ論』．みすず書房，p. 576.
54　河合隼雄（1967）．『ユング心理学入門』．培風館，p. 38.

タイプで説明しようとしない」「タイプをやらないことの言い訳にしない」ことに留意しなければなりません。

〈米国でのMBTIの誕生と世界的な普及〉

ユングの「心理的タイプ」の理論は，その後の心理学の世界に大きな影響を与えました。1923年にタイプ論の英訳版が出版され，米国ではタイプ論に基づいたMBTI（Myers-Briggs Type Indicator）の開発が進んでいきました。

MBTIは米国の民間研究者の母娘（Katherine Cook Briggsと彼女の娘Isabel Briggs Myers）によって創始されました。Myers-Briggs Type Indicatorの名称は，Myers-Briggsが開発者のラストネーム，Typeがユングのタイプ論，Indicatorが個人の成長に向けての指標という意味になります。このIndicatorという名称からも分かるように，MBTIは性格検査の診断・判定のツールではなく，自己の真のタイプについての理解を深めていくための体系的なメソッドなのです。具体的には，受検者は，有資格者（MBTI認定ユーザー）の支援のもと，タイプについての理解を深め，自分の真のタイプを考えていくのです。

The Myers-Briggs Companyによれば，娘Myersが『Introduction to Type』（タイプ入門）を出版したのが1962年でした[55]。

55　The Myers-Briggs Company. (n.d.). Key moments in MBTI history. https://eu.themyersbriggs.com/en/tools/MBTI/Myers-Briggs-history

このように半世紀以上の開発経緯があるため，北米を中心として世界30以上の言語に翻訳され，50カ国以上で利用されています。

ちなみに，アメリカ心理学会（American Psychological Association：APA）の心理学大辞典では，MBTIを「心理学研究者間では信頼性が低いとされているが，教育的カウンセリングや人材マネジメントなど幅広く使用され，業務遂行や人間関係の改善に，そして対人間コミュニケーションの好みやスキルの同定に役立っている」[56]と説明しています。なお，MBTIのコンテンツには，主機能と補助機能を判別する手法があるため，ユングが考えた主機能だけの八つのタイプではなく，主機能と補助機能を組み合わせた16のタイプで，タイプを説明しています。

〈MBTIの普及による光と影〉

このように学術的知見としてのユングのタイプ論は，個人の性格検査とそれに基づく受検者のタイプの自己理解・タイプの成長支援を主眼とするMBTIの誕生と普及によって社会実装されているといっても過言ではないでしょう。ただ，このような世間的普及は，MBTIの知財を模した疑似ツールがつくられる背景と事情を知らない人の利用拡大を生んでいます。その問題点は，知財の

56　アメリカ心理学会（2013）．マイヤーズ-ブリックス・タイプ指標（MBTI）．『APA心理学大辞典』（原著2007年）（繁桝算男・四本裕子，監訳）．培風館．

侵害という以上に，そのような疑似ツールでは，心理検査の結果を判定的に説明している点が非常に問題です。とはいえ，MBTI を無料で簡便に利用したいという需要がある限り，このような疑似ツールの出現は続くでしょうから，それを安易に利用する人もなくならないでしょう。そして，自分のタイプを仮説検証する知識を持たないまま，判定結果を自分の確定的なタイプとして受け止める個人（とくに若者）の発生が，今後も続くと思われます。それは，個人のキャリア形成や自分らしさの理解と発揮に，目に見えない形で深刻な被害を生んでいくと思います。隠れた社会問題として意識し，その弊害に対する危機感を共有したいものです。

自己理解・他者理解のための方法論としてのタイプ論を，きちんと理解したい人は，JPP 株式会社から出版されている翻訳書『MBTI へのいざない　ユングの「タイプ論」の日常への応用』[57] を読まれるとよいでしょう。原著のタイトルは「わたしはクレイジーじゃありません，ただ，あなたと違うだけです（I'm not crazy, I'm just not you.)」という面白いものですが，このタイトルにこそタイプ論がいいたいことの本質があります。

57　ペアマン，R. R. & アルブリットン，S. C.（著），園田由紀（訳）(2012).『MBTIへのいざない　ユングの「タイプ論」の日常への応用』. JPP.（Pearman, R. R., & Albritton, S. C. (2010). I'm not crazy, *I'm just not you: The real meaning of the 16 personality types.* Nicholas Brealey.）

（2）タイプ論のフレームワーク

ここからは，タイプ論の学術的内容を説明していきます。

本書の教育プログラムは，個人のタイプについての精緻な探索が目的ではなかったため，ユングのタイプ論の利用は，基本となる考え方と公知範囲の構成概念にとどめました。そのため，ユングのタイプ論の全部ではなく，公知範囲の考え方と構成概念を利用し，それを便宜的に「タイプ論のフレームワーク」（第1章3参照）と呼ぶことにしました。以下では，タイプ論のフレームワークの内容を説明していきます。なお，説明内容は，ユングの著作だけでなく，先述した翻訳書（『MBTIへのいざない　ユングの「タイプ論」の日常への応用』）も参考にしています。

まず，タイプ論の基本的な仮定についてです。

一つ目は，心の中を，二項対立（あるいは二律背反[58]）の関係にある両極構造で理解していることです。そして，教育プログラムで利用する構成概念の全体構成と相互関係をまとめたのが「タイプ論のフレームワーク」（**図2-1**）になります。「タイプ論のフレームワーク」は，

58　二律背反は，論理学の概念で，二つの命題が同時に真となることが不可能な状況を指します。一方が真であれば，他方は必ず偽となり，その逆も同様です。一方，二項対立は，特定の問題や状況について，二つの相互排他的なカテゴリーや観点が存在することを指します。これは，ある事象や考えが二つの明確に区分された範囲，あるいは選択肢に分けられる状況を示します。

三つの指標（「構えの外向と内向」「知覚機能の感覚機能と直観機能」「判断機能の思考機能と感情機能」）で構成されています。

二つ目は，両極のうちどちらの極を指向するかで一般的な反応に違いがあるとしていることです。教育プログラムでは，指向を「個人が，タイプ論のフレームワークのそれぞれの極に対して感じている，あてはまりのよさである」（第１章３参照）と定義しました。また，指向する極は，生まれつき決まっているとされます。日常生活では，両極とも機能していますが，両極が同時に機能することはありません。指向している極は，先に，楽に，うまく機能するのです。ただ，指向している極に過度に頼ると行き過ぎの状態になってしまいます。偏った状態は，自分らしさがマイナス面として表出されやすくなりますので，よろしくない状態です。この偏った状態は，意識と無意識の補償作用によってバランスがとられていきます。

次に，タイプ論のフレームワークについてです（**図2-1**）。

このフレームワークは，心の基本的な態度(あるいは，心の準備態勢）である「構え」と，定性的な心の活動形式である「心理機能」で構成されています。全体として，タイプを理解するための方向づけとなる三つの指標(「構え」「知覚機能」「判断機能」）が揃っています。一見単

態度（構え）の類型

外向 （E）	内向 （I）

心理機能の類型

知覚		判断	
感覚 （S）	直観 （N）	思考 （T）	感情 （F）

図2-1　タイプ論のフレームワーク（脚注[59]の文献より引用）

純な構造に見えますが，立体的に観想すると，外向と内向は天地であり，四つの心理機能は四方位としての完全性と安定性であり，全体としては曼荼羅を意味すると見立てることもできます[60]。

以下では，**図2-1**の中にあるそれぞれの指標の概要を説明します。なお，タイプは，あくまで，イメージとして取り出した型であり，人がタイプの記述どおりに常にふるまうわけではないことを承知しておいてください。

【構えの外向と内向】

「構え（attitude）」[61]は，心にある基本的な態度です。ユングは，他のドイツの実験心理学者が使っていた「構え」の概念を「一定の方向に作用ないし反応しようとする心の準備態勢」と定義して使用しました。構えは，興味・関心の向け方に関係します。構えの両極は，外向（Extraversion：E）と内向（Introversion：I）です。

外向は，自分の外の世界（＝外界）から心のエネルギーを求めようとするため，自分にとっての客体である外界とのかかわりを求めます[62]。そのため，外向を指向する人（外向タイプ）には，次のような性向やふるまいがみられます。

なお，下の説明文では，対極との違いを明確にするため，理解の「幹」にしていただきたい特徴を中心に書いています（以下，同じ）。

- 働きかけようとする。
- 実際に行動することで心のエネルギーを充電しようとする。
- 外在化された思考の方が捉えやすいため，口に出して，話しながら考える。
- グループで取り組むことを楽しむ。
- 外界に順応しようとするが，それが行き過ぎると，外界からの刺激に振り回される。

59　杉本洋一・荒川雅生・石丸昌彦（2019）．「チーム内の相補的協働を促進するためのチームワーク教育の試みと検証」『工学教育』，67（4），38-43.

60　樋口和彦（1967）．「C. G. ユング心理学におけるIndividuation」『基督教研究』，35（1），1-26.

61　attitudeは，「構え」や「態度」と邦訳されているため，attitude-typesは，「態度類型」と訳されることもあります。

62　タイプ論における「外向」は，心的エネルギーが外界に向かって流れだして，客体を包み込んでいるイメージです。俗語の「ネアカ」の意味はありません。「外向」を指向する外向タイプは，周囲の世界に順応しやすい反面，主体である自分が，客体である周囲の状況に影響されやすくなります。なお，心には相補性があるため，意識が外向なら，無意識は内向になり，平衡と調和をとろうとします。

内向は，自分の内の世界（=内界）から心のエネルギーを得ようとするため，自分の内面に働きかけ，自分の内界とのかかわりを求めます[63]。そのため，内向を指向する人（内向タイプ）には，次のようなふるまいがみられます。

- 受け取り内省しようとする。
- 自分の内面に働きかけることで心のエネルギーを充電しようとする。
- 求められないかぎり，思いや考えを外に出すことがあまりない。
- 単独，あるいは少人数で取り組むことを楽しむ。
- 行き過ぎると，外界からの刺激を遮断してしまい疎くなる。

日常生活では両極が働いています，したがって，両方の特徴を個人の中に見いだすことができます。しかし，それが指向する極の特徴の表れの場合もあるし，個人が指向していない極を環境適応のために働かせている場合もあります。そのため，個人にとっては，自分のことで

63　タイプ論における「内向」は，心的エネルギーが拡散しないで内界に蓄積され，独自の世界を守っているイメージです。俗語の「ネクラ」の意味はありません。「内向」を指向する内向タイプは，自分の世界を明確に持ち，それに照らしてから反応をしようとするため，反応が遅くなることや，あえて反応を表出しないこともあります。なお，心には相補性があるため，意識が内向なら，無意識は外向になり，平衡と調和をとろうとします。

ありながら真のタイプを知ることが難しい原因になっています。このことは，知覚機能，判断機能についても同様です。

【知覚機能の感覚機能と直観機能】

知覚機能は，情報の取り入れ方に関わる人の心的機能です。知覚機能の両極は，感覚機能（Sensing：S）と直観機能（Intuition：N）になります。ユングは，知覚機能が理性の枠外にあると考えたため，非合理機能（irrational function）という呼び方もしています。

感覚機能は，五感[64]を通じて認識される知覚データを収集しようとします。そのため，感覚機能を指向する人（感覚タイプ）には，次のような性向やふるまいがみられます。

- 「いまここ」に意識が向いている。
- 着実で規則正しく，詳細を極めようとする。
- 現実的，実際的なことに重きを置く。
- 一つ一つ積み重ねていくことに惹かれる。
- 行き過ぎると型にはまり重要でないことに固執してしまう。

64　五感とは，視覚，聴覚，嗅覚，味覚，触覚のことで，これらは私たちが周囲の世界を知覚し，理解する基本的なセンサー機能です。

直観機能は，俯瞰的なことや抽象的なイメージ，また関連してひらめいた観点から情報を集めようとします。そのため，直観機能を指向する人（直観タイプ）には，次のような性向やふるまいがみられます。

- 「先のことや全体像」に意識が向いている。
- 決まり切ったことより，新しいこと，抽象的なこと，複雑なことを求めようとする。
- 全体像，ゴール，概念などに惹かれる。
- アイデアを出すことや洞察することに駆り立てられる。
- 行き過ぎると，事実や現実に目を向けないようになる。

【判断機能の思考機能と感情機能】

判断機能は，結論の導き方に関わる人の心的機能です。判断機能の両極は，思考機能（Thinking：T）と感情機能（Feeling：F）になります。ユングは，判断機能を思考機能や感情体系により判断すると考えたため合理機能（rational function）という呼び方もしています。

思考機能は，主体と客体を分けて因果関係から判断しようとします。そのため，思考機能を指向する人（思考タイプ）には，次のような性向やふるまいがみられます。

- 経験している状況や対象から出ていき，世界を客体化して捉えようとする。
- 目的地に至る道から逸れずに向かうことを重視する。

- 集めた情報を序列づけしながら推論したいという衝動がある。
- 周囲からは，批判的，論理的，懐疑的にみられやすい。
- 行き過ぎると，自分や他者の気持ちに目を向けなくなる。

感情機能は，主観的な経験を好きや嫌いといった気持ちから捉えることを重視します。そのため，感情機能を指向する人（感情タイプ）は，世界を主体化して捉えようとします。

- 経験している状況や対象の中に入っていき，世界を主体化してみようとする。
- 主観的な経験を，好きや嫌いといった気持ちから捉えることを重視する。
- 個々の人の価値観や気持ちを重視したいという衝動がある。
- 周囲からは，受容的，調和的，協調的にみられやすい。
- 行き過ぎると，人と調和することにとらわれるようになる。

ユングは「感覚は現実に存在するものを確認する。思考は存在するものが意味することを認識できるようにしてくれるし，感情はそれがいかなる価値をもっているかを，そして最後に直観は今そこに存在するものの中に潜んでいる，どこから来て今後どうなるのかという可能性を示してくれる。」[65] と述べています。

最後に，参考としてMBTIの示すタイプを紹介しておきます。

ユングは，構えと心理機能を組み合わせることで八つのタイプを提示しましたが，タイプをどのような手順で見定めていくかについての論理的な説明はしていません。そこで，MBTIは三つの指標に，独自開発した四つ目の指標を加えて，ユングのタイプ論では，具体的方法の提示がなかった機能の序列（主機能，補助機能，第三機能，劣等機能）の推定方法を考案しました。それにより，MBTIを使うことで，個人の機能の序列の推定が定式化されたのです。ユングのタイプ論では，構えと主機能を組み合わせた8類型（$2 \times 4 = 8$）でしたが，さらに補助機能との二通りの組み合わせをつけ加えて16類型（$2 \times 4 \times 2 = 16$）に拡張したのです（**図2-2**）。

65　ユング，C. G.（著），林道義（訳）（1987）．『タイプ論』．みすず書房，p. 576.

66　参考文献：杉本洋一（2022）．「自己理解・他者理解の促進を通じて寛容性を高める教育プログラムについての検討」博士論文，放送大学，千葉，p. 22.
放送大学機関リポジトリ．https://ouj.repo.nii.ac.jp/records/8685

構え：外向／内向

×

心理機能：感覚機能／直観機能／思考機能／感情機能

＝

ユングのタイプ論の8タイプ（タイプ名）	MBTIの16タイプ（主機能）	（補助機能）	（タイプ名）
外向的感覚型	外向感覚機能	内向思考機能	ESTP
	外向感覚機能	内向感情機能	ESFP
外向的直観型	外向直観機能	内向思考機能	ENTP
	外向直観機能	内向感情機能	ENFP
外向的思考型	外向思考機能	内向感覚機能	ESTJ
	外向思考機能	内向直観機能	ENTJ
外向的感情型	外向感情機能	内向感覚機能	ESFJ
	外向感情機能	内向直観機能	ENFJ
内向的感覚型	内向感覚機能	外向思考機能	ISTJ
	内向感覚機能	外向感情機能	ISFJ
内向的直観型	内向直観機能	外向思考機能	INTJ
	内向直観機能	外向感情機能	INFJ
内向的思考型	内向思考機能	外向感覚機能	ISTP
	内向思考機能	外向直観機能	INTP
内向的感情型	内向感情機能	外向感覚機能	ISFP
	内向感情機能	外向直観機能	INFP

Note. MBTIの16タイプのタイプ名は，構成概念の頭文字を使用した4文字の記号になっている。JとPは，ユングのタイプ論にはない構成概念であり，機能の序列を推定するために，MBTIが開発した独自の概念である。網掛けした部分が，教育プログラムで扱った範囲である。

図2-2　ユングのタイプ論の８タイプとMBTIの16タイプ

（脚注[66]の文献より引用）

ここで，「16類型」の組み合わせの理論的な仕組みを知りたい人のために，機能の序列ということについて，参考として説明します。

まず，心のエネルギーについてイメージしてもらいましょう。

ユングは，フロイトのいう「リビドー」[67]の概念を，性的なものだけでなく普遍化して捉え直すことで「心的エネルギー」[68]と呼び換えました。

ユングは，心的エネルギーを，実体のあるものではなく「強さ」あるいは「価」を表す概念であるとしたうえで[69]，一人の人間があるときにもっている心的エネルギーの総量は同じであるとしました[70]。つまり，一方が増えると他方は減るのです。したがって，「主」「補助」「第三」「劣等」は，ある個人における心的エネルギーの配分の序列なのです。

---

67 精神分析理論においてリビドー（libido）は，生の本能の心的エネルギー，あるいは特に性衝動のエネルギーのことを指します。参考文献：アメリカ心理学会（2013）. リビドー［libido］.『APA 心理学大辞典』(原著 2007 年)（繁桝算男・四本裕子 , 監訳）. 培風館.

68 ユングの分析心理学においてリビドー（libido）は，すべての活動型にエネルギーを配分する総合的な生命力のことを指します。

69 ユング, C. G.（著），林道義（訳）（1987).『タイプ論』. みすず書房, p. 484.

70 ユングの原著論文「心的エネルギーについて」は邦訳されていないため，参考文献に依った。参考文献：高橋義孝（1958).「藝術的感動について：文学研究に対する「精神分析」の諸寄与（三)」『文学研究』, 57, 111-117.

なお，ユングは劣等機能の説明で「分化過程において取り残された機能と理解する。（中略）取り残された機能はけっして病的なものではなく，単に最も優遇されている機能と比較して遅れているにすぎない」と述べています[71]。

次に，心のエネルギーが何にどのように配分されるのかについてイメージしてもらいましょう。

まず，**図2-1**の心理機能の類型を見てください。

心理機能の構成概念は，まず，知覚機能と判断機能が二項対立の関係にあり，知覚機能の中の両極構造として「感覚機能」と「直観機能」が，判断機能の中の両極構造として「思考機能」と「感情機能」がありました。

そして，各両極構造を軸の両端と見立てると，知覚機能の軸と判断機能の軸があり，各機能間の距離が等距離だと考えると，二本の軸を直交させてイメージすることができます。なお，縦軸を少し傾けると，横軸の両極には高さの違いが生じることになります。

また，意識と無意識の関係は，無意識から意識が生じてくると仮定します。その機序は，心のエネルギーが注がれることで「無意識の意識化」が進み，無意識から意識が分化されるイメージです。

71　ユング，C. G.（著），林道義（訳）（1987）．『タイプ論』．みすず書房，pp. 484–485.

以上のことを頭に置いて**図2-3**をみてください。心の輪郭を便宜的に円にしています。その中で，直交する二本の軸があります。そして，円の上に行くほど心のエネルギーが注がれていることが読み取れます。

それでは，**図2-3**で示されたタイプの人の機能の序列を説明していきます。まず，この人は，知覚機能の直観機能に，心的エネルギーが相対的に最も多く配分されていることになります。したがって，主機能は「直観機能」になります。

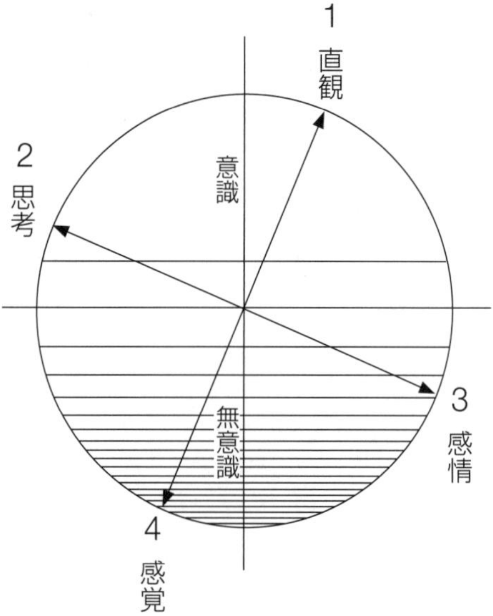

図2-3　タイプ論のフレームワーク（脚注[72]の文献より引用）

そして，軸の両極で一方が主機能になると，他方は，相対的に最も少ない配分になりますから，劣等機能になります。したがって，劣等機能は「感覚機能」です。同様に，軸の両極で一方が補助機能になると，他方は第三機能になります。したがって，補助機能は「思考機能」で，第三機能は「感情機能」です。

さて，**図2-3**には，態度の類型が描写されていないため，この人が外向を指向しているのか内向を指向しているのかは分かりません。

まず，前提として，態度の類型の指向しているエネルギーの方向は主機能と対応し，態度の類型の指向していないエネルギーの方向は補助機能と対応していると考えます。なぜなら，心には相補性があり調和と平衡を志向するからです。

そこでパターン分けして考えてみます。

この人が，外向タイプなら，直観機能とペアになって「外向直観（extraverted intuition）」が主機能（dominant function）になり，「内向思考（introverted thinking）」が補助機能（auxiliary function）になります。

逆に，この人が，内向タイプなら，直観機能とペアになって「内向直観（introverted intuition）」が主機能になり，

72　河合隼雄（1967）．『ユング心理学入門』．培風館，p. 58.
（注）同上書の p. 58 では，図は番号だけが示され，タイトルはない。

「外向思考（extraverted thinking）」が補助機能になります。

ユングのタイプ論では，主機能を八つあげていますが，それは，外向タイプか内向タイプかということと四つの心理機能とを組み合わせたからです。

一方，MBTIでは，同じ主機能でも補助機能との組み合わせが2パターンあるため，全部で16の類型（タイプ）ができるのです。当然，同じ主機能でも補助機能が違えば，認知スタイルの違いがありますので，個人のタイプを詳細にみていきたいとき（自分のタイプを詳細に理解したいとき）に適しています。

2　高次の思考としてのメタ認知と批判的思考

米国では，1980年代以降，学習において高次の思考（higher-order thinking）を育成することが重要な課題として認識されています[73]。その系譜の中，米国の教育研究者マルザーノ（Marzano, R. J.）は，どのような思考

73　1983年の米国の報告書「A Nation at Risk：The Imperative for Educational Reform」では，学生たちの高次思考スキルの習得が不十分であると指摘されました。この警告により，教育改革の方向性が示され，1980年代から1990年代にかけて，高次思考に関する研究が盛んに行われ，新しい教育戦略やツールが開発されました。これらの努力の結果，高次思考スキルの教育は米国の教育改革の中心テーマとして位置づけられ，今日においても積極的に取り組まれています。参考文献：石井英真（2005）．「アメリカの思考教授研究における教育目標論の展開：R. J. マルザーノの「学習の次元」の検討を中心に」『京都大学大学院教育学研究科紀要』，51，302-315.

を育成しようとしているのかを分析する包括的な枠組みとして「思考の次元（dimensions of thinking）」を考案しました。

思考の次元のカテゴリーは五つに分類され，高次のものから順に，

①メタ認知（metacognition）

②批判的・創造的思考（critical and creative thinking）

③思考過程（thinking processes）

④中核的な思考スキル（core thinking skills）

⑤内容領域の知識と思考との関係（the relationship of content-area knowledge to thinking）

となり，①と②は高次の思考（higher-order thinking）と呼ばれます。

わが国においても，21世紀に入ってからは，知識伝達型の教育から思考育成型の教育に重心が移ってきています。そして，メタ認知と批判的思考に焦点を当てた教育が重視されています[74]。大学の授業においても，初年次の基礎力育成の科目では，知識の習得とその有意味な使用の好循環をつくり，高次の思考を育成していくことが重要であると考えます。その意味では，演習科目のような講義と演習がセットで実施される授業は，明確な設

74　21世紀型能力として，「メタ認知」（自分自身の思考過程についての認識と理解）と「批判的思考」（情報を評価し，それをもとに合理的な結論を導く能力）が強調されています。

計意図をもって，メタ認知や批判的思考の育成をするのに好適なカリキュラムが組めるように思います。それでは，教育プログラムに取り入れた「メタ認知」と「批判的思考」の理論と教示内容について説明していきます[75]。

（1）メタ認知

メタ認知（metacognition）は，「認知についての認知」を意味します。接頭語のメタは，ギリシャ語から来ており「高次の」「超えて」という意味を表します。なお，認知という概念の定義は「象徴的な心的活動と心的表象」です。分かりやすく言い換えると「認知（cognition）とは，見る，聞く，書く，読む，話す，記憶する，思い出す，理解する，考えるなど，頭を働かせること全般」を指します[75]。

メタ認知の概念を提示した米国の発達心理学者フレイヴェル（Flavell）は，メタ認知は「認知的知識」（自分の認知能力や学習の理解）と「認知的規制」（計画，監視，評価）の二つの主要な要素から成るとしました。現在のメタ認知研究は，まだ不統一の部分がありますが，フレイヴェルの枠組みを踏襲しながら詳細な構造を提示してくれています。

75　三宮真智子（2018）．『メタ認知で〈学ぶ力〉を高める　認知心理学が解き明かす効果的学習法』．北大路書房，p. 12.

76　三宮真智子（2008）．『メタ認知　学習力を支える高次認知機能』．北大路書房，p. 9.

以下では，メタ認知の分類をツリー構造で示している「メタ認知の分類」(**図2-4**)[76]を，その参考文献に基づいて説明していきます。

メタ認知は，自分自身や他者の行う認知活動を意識化して，もう一段上から捉えることです。このメタ認知と

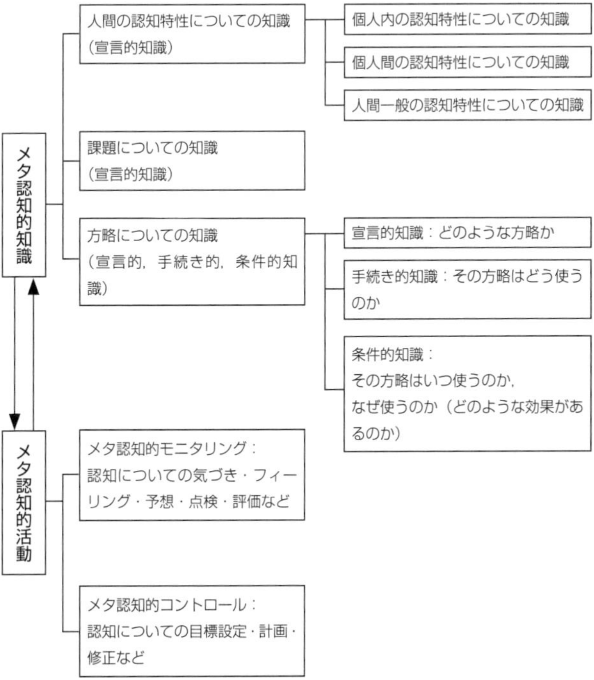

図2-4　メタ認知の分類（脚注[76]の文献より引用）

いう思考過程を構造的に記述すると，まず，「知識の成分」と「意識経験としての活動の成分」があります。前者は「メタ認知的知識」と呼ばれ，後者は「メタ認知的活動」と呼ばれます。

「メタ認知的知識」の中は，三つの要素に分かれます。すなわち，人間の認知特性についての知識，課題についての知識，方略についての知識です。

まず，「人間の認知特性についての知識」について説明します。この要素は，さらに「個人内の認知特性についての知識」「個人間の認知特性についての知識」「人間一般の認知特性についての知識」に分かれます。

教育プログラムでは，ユング心理学のタイプ論を解説し，自己理解と他者理解を循環させながら，それぞれの精度を高めていくことをしますが，それはまさに上記の「個人内の認知特性についての知識」と「個人間の認知特性についての知識」に関する認知資源を蓄積させているといえます。また，「人間一般の認知特性についての知識」については，スキルセットの講義などが該当するといえます。

ところで，「個人内の認知特性についての知識」が正確でなければ，あるいは，全然反対のことを本当だと思い込んでいたとしたら，メタ認知がうまくいかないことは自明です。ということは，やはり，自我形成の曖昧な人に対しては「タイプ直接活用型の協調設計」よりも「タイプ活用教育型の協調設計」が適しているといえます。

次に，「課題についての知識」について説明します。

これは，課題の性質に関する知識を指します。課題については，未知のものより既知のものである方が想定しやすいでしょう。失敗経験も含めて，知っているということが有用です。また，類推することができることも重要になるでしょう。

最後に「方略についての知識」について説明します。方略とは，strategy のことです。心理学では，戦略といわず，方略といいます。課題をより良く遂行するための知識になります。この要素は，さらに「宣言的知識：どのような方略か」「手続き的知識：その方略はどう使うのか」「条件的知識：その方略はいつ使うのか，なぜ使うのか（どのような効果があるのか）」に分かれます。

方略についての知識は，豊富にもっている方が有利であるのは当然ですし，学習の効率と成果も高まるでしょう。例えば，実験計画法の知識や統計の知識があれば，効率的かつ意味のある手順をイメージすることができます。専門科目の勉強を幅広くしておくことは役に立つということです。

「メタ認知的活動」の中は，二つの要素に分かれます。すなわち，メタ認知的モニタリング，メタ認知的コントロールです。

まず,「メタ認知的モニタリング」について説明します。これは，認知状態をモニタリングすることです。自分の認知の内容について，気づくこと（例：ここが足りないなあ），予想すること（例：できそうだ），点検すること（例：間違っているかも），評価すること（例：あそこの出来が悪かったかなあ），などです。

メタ認知的モニタリングは，課題遂行の段階における「事前段階」「遂行段階」「事後段階」で，それぞれ行うことができます。そして，今回の事後段階のメタ認知的モニタリングは，次回の事前段階・遂行段階のメタ認知的モニタリングの認知資源になるわけです。やりっ放しでにしないで，振り返りをすることが大事なわけです。

次に,「メタ認知的コントロール」について説明します。これは，認知状態をコントロールすることです。メタ認知的モニタリングを，課題遂行の段階における「事前段階」「遂行段階」「事後段階」で行うとき，それぞれの段階で，メタ認知的コントロールを行うことになります。具体的には,「事前段階」でメタ認知的モニタリングをしてメタ認知的コントロールをすれば，目標設定，計画（段取りや時間配分），方略選択などが，うまく実行できやすいでしょう。

「遂行段階」でメタ認知的モニタリングをし，メタ認知的コントロールをすれば，目標修正，計画修正，方略変更などが，間に合うかもしれません。注意が必要なのは,「遂行段階」のメタ認知的活動は，実際行動の最中であるため，認知的負荷が大きく，十分な認知資源を割けないだろうということです。そのため，ちょっとした気づきでも，失敗を防ぐことになればよいと考えるくらいでよいのではないでしょうか。

「事後段階」でメタ認知的モニタリングをしてメタ認知的コントロールをすれば，目標再設定，再計画，方略再選択などにつながるかもしれません。「事後段階」では，メタ認知的活動に十分な時間と認知資源を投入できるでしょう。

メタ認知的活動には，レベルがあり，「なんとなく〜のような気がする」と「根拠があって，そう評価した」では確度が違います。演習を含む教育を行うことで，認知資源と経験値の蓄積が相まって向上し，メタ認知的知識の質と量が増え，メタ認知的活動の状況適応性が向上していくと考えます。

（2）批判的思考

批判的思考（critical thinking）としてよく引用される定義として「何を信じ，何を行うかの決定に焦点を当てた合理的で反省的な思考」があります。統一的な定義はありません。

批判的思考は，他者に対する非難・中傷をすることではなく，自らの思考を反省的に（reflective）振り返りながら注意深く検討するということです。批判的思考には，以下の働きが期待されます。

まず，批判的思考は情報の妥当性を評価することに役立ちます。これは，与えられた情報の信憑性や根拠を検証し，事実と意見を峻別することです。批判的思考によって，偏見や先入観にとらわれることなく，客観的な視点で情報を分析することができます。

次に，批判的思考は論理的な思考を促進します。これは，情報や主張の論理的な整合性や矛盾点を見つけることに役立つということです。批判的思考は，根拠の薄い主張や論理的に破綻した議論に与することを防いでくれます。

さらに，批判的思考は創造性を養います。批判的思考は新たなアイデアや解決策を探求する際に，既存のアイデアに疑問を投げかけ，新しい視点やアプローチを見つけることに役立ちます。

また，ダウトパーソン（第４章５（６）参照）の役割機能との関係について考えると，批判的思考はダウトパーソンを補完することがあります。ダウトパーソンは，チームの失敗を防ぐ指摘をしてくれるだけでなく，新しいアイデアや異なる視点を提供することで，創造性と革新性も促進してくれます。批判的思考は，ダウトパーソンからの指摘や意見を受けた後に，さらにバランスの取れた意思決定や解決策を形成していくことに役立ちます。

ここで「賢いのに愚かなパラドックス」を紹介しましょ

う。これは，オクシモロン（oxymoron）[77]という修辞技法の一つで，矛盾した意味を持つ言葉や表現の組み合わせです。

賢い人が愚かなパラドックスに陥る理由は，メタ認知と批判的思考を適切に組み合わせて活用していないことにあります。知識や知性だけで満足し，自己の思考や行動を客観的に評価することを怠ってしまうためです。このパラドックスを回避するためには，メタ認知と批判的思考を相補的に活用する必要があります。自己の思考や判断を客観的に評価し，自己監視を行うことで，自分の思考の限界やバイアスを認識し，批判的思考を生かすことができます。

以上のように，批判的思考は合理的で反省的な思考であり，情報の評価や論理的な思考を促進し，創造性を養います。ダウトパーソンとの関係では異なる視点を受け入れることで意思決定の質を向上させ，メタ認知との連携により自己監視やバイアスの認識を高めることができます。このように，批判的思考は知識や知性だけでなく，思考の質を向上させる重要な能力といえます。

77　オクシモロンは，ギリシャ語の「鋭い（oxys）」と「愚か（moros）」を組み合わせた言葉で，本来矛盾する二つの概念を一緒に用いる修辞技法を指します。この組み合わせにより，通常とは異なる視点や新たな意味を表現することが可能となります。例えば，「甘い苦しみ」や「明るい闇」などが該当します。

3　寛容と心理的安全性

教育プログラムの開発では，基本方針の基軸に「自己理解・他者理解・寛容性向上」を位置づけました。そして「自己理解」「他者理解」「寛容性向上」の各学習成果を次のように仮定しました。

まず，タイプ論の三つの指標を座標軸として自己理解が促進されます。自己理解が深まることで他者理解も深まっていきます。また，他者理解が深まることで，さらに自己理解が深まっていくという逆の関係も起こります。このようにして自己理解と他者理解が段階的・循環的に促進されるプロセスができ，そのプロセスを通じて（あるいは，その結果として）寛容が育成され寛容性が向上します。

また，寛容性向上を集団内の心理的安全性の向上に円滑につなげていくためには，学習者が，自他の特徴を考えながら相互作用の成り行きを想定し状況適応的なふるまいをしていくことや，その体験の内省を言語化して成功の再現性を高めることが，非常に重要になると考えました。それでは，以下，「寛容」の概念と「心理的安全性」の概念について，説明していきます。

（1）寛容

「寛容」は哲学，心理学，社会学，政治学，教育学，倫理学など，様々な学問分野で異なる観点から研究されています。そのため，寛容の定義は多様です。

英語で「寛容」と訳されるtoleranceとtolerationは，ラテン語のtolerare（耐える，我慢する）から派生しています。tolerationは，中世の哲学者が寛容を「悪の否定的な許可」つまり消極的な許可と定義したことを反映しています。一方，toleranceは，より積極的でリベラルな感情，つまり他者を理解し，尊重する態度を示唆しています。そもそも寛容の概念は，ヨーロッパ史の中で宗教改革以来の厳しい対立と闘争の時代を経て，その歴史的教訓を踏まえ啓蒙思想の勃興とともに形成された宗教的寛容論に由来します。

それだけに，寛容（tolerance）という概念の含蓄は深く，射程は広範な拡がりをもっているといえます。寛容の概念を歴史的にみれば，多文化共生の作法という一面があるといわれていますが，教育プログラムで育成する寛容は，いわば，協働の場において相互の異質な個性に敬意を払うための作法であると考えました。

さて，寛容であることは，何事も認容することでしょうか？　英国の哲学者ポパー（Karl Raimund Popper, 1902–1994）は「無制限の寛容は寛容の消失へ行き着かざるを得ないというパラドックスである」と述べています。教育プログラムでは，寛容を育成し寛容性を高めようとしていますが，そのことは，合理的な議論で反対意見を述べることを否定するものではありません。

健全な協働の基盤をつくるためには，個人間の健全な批判や合理的な主張・反論を封殺しないことが，極めて重要になります。他者に同調するのではなく，他者を受け容れ，是々非々で私と他者が主張し合える関係になれることこそ，協働の基盤づくりに必要な寛容のあり方であると考えます。

本書の教育プログラムでは，哲学の観点から，寛容を「自己と相違する他者の異質性と，他者と相違する自己の異質性を，尊重の念をもって受け容れること」，寛容性を「寛容であるという性質や傾向」と操作的定義をしました。操作的定義（operational definition）とは，概念や変数を測定可能な形で定義する方法のことです。例えば，期末レポートで寛容性について質問するとき，寛容性が向上しましたかと質問しても回答しにくいでしょう。しかし「寛容」を「自己と相違する他者の異質性と，他者と相違する自己の異質性を，尊重の念をもって受け容れること」と操作的に定義することで，寛容という抽象的な概念が向上したかどうかの自己評価をしやすくしています。

米国の政治哲学者マイケル・ウォルツァー（Michael Walzer, 1935-）の言葉に「寛容は差異を可能にし，差異は寛容を必要不可欠なものにする」があります。教育プログラムでは，そこでいう差異を，表層的次元としては協働の場における意見や判断の違いと捉え，深層的次元としては認知スタイルの違いであると捉えることにしました。

つまり，寛容の対象となる自他の差異の起因として，深層的多様性の要素の一つである認知スタイルに着目したわけです。そして，寛容性を向上させるために，タイプ論を利用して自他の認知スタイルについての理解を深め「自己理解・他者理解・寛容性の向上」の相互循環を促していくカリキュラムにしています。

本書の教育プログラムでは，協働の基盤を危うくすることに気づくための知識や，それを指摘するための取り組み方（例　ダウトパーソン）について学習できるようにしています。

（２）心理的安全性

心理的安全性（psychological safety）の初期の概念は，米国の組織心理学者シャイン（Edgar Henry Schein, 1928-2023）により1980年に提示されました。シャインはグループのメンバーが感じる不安を説明するために心理的安全性の概念を導入し，「自己を開示し，他者とのコミュニケーションを通じて自己を表現することへの一般的な安心感」と定義しました。その後，1990年代に米国の組織心理学者エドモンドソン（Amy Christine Edmondson）が，心理的安全性の研究を深化し，特に組織におけるその役割を明確にしました。

エドモンドソンは「Team psychological safety is defined as a shared belief that the team is safe for interpersonal risk taking.（チームの心理的安全性とは，メンバーによって共有されたチームが対人的なリスクテイクに対して安全

であるという信念である)」[78]としています。

エドモンドソンは心理的安全性を，リーダーシップ，チームワーク，学習，パフォーマンス，イノベーションなど，組織の様々な側面と関連づけています。エドモンドソンの研究は，組織における心理的安全性の重要性を強調し，これが高いパフォーマンスとイノベーションを促進することに対する理解を深めるのに役立っています。

ちなみに，エドモンドソンの定義した心理的安全性という概念が，世の中に知られるきっかけになったのは，Googleの社内調査の結果からでした。この調査内容を紹介した雑誌記事[79]を要約すると，次のようになります。

Googleは，「Project Aristotle」[80]というプロジェクト(2012-2015)を通じて「完璧なチーム」を構築するための調査研究を行いました。Googleの研究チームは，社内の数百のチームを対象にデータを収集し，分析を行いました。それらのチームは様々な背景を持つ人々で構成され，多様性，スキルセット，組織の規模など，様々な要素で差がありました。そして，研究チームは個々のメンバーのパーソナリティ，技術的なスキル，チームの構造

---

78 Edmondson, A. (1999). Psychological safety and learning behavior in work teams. *Administrative science quarterly*, 44(2), 350-383.

79 Duhigg, C. (2016). What Google learned from its quest to build the perfect team. *The New York Times Magazine*, 26.

80 プロジェクト名にアリストテレスの名前が入っているのは，アリストテレスの「全体は部分の総和に勝る」に依ります。

や動態，さらにはチームメンバー間の相互作用やコミュニケーションスタイルなど，多くの要素の調査分析をしたのです。しかし，成功条件となる共通項の要素は見つかりませんでした。成功するチームは成功し，失敗するチームは失敗していたのです。結局，この広範なデータ収集と分析の結果，成功するチームに共通する最も重要な要素は「心理的安全性」であることが明らかになりました。「心理的安全性」があることで，チームメンバーは自分自身を開放し，失敗を恐れずにリスクを取ることができ，自由に意見を表現できたのです。心理的安全性が高いチームでは，メンバーが互いに信頼し，相互尊重を持ち，共同で問題を解決しようとする意欲が高まります。これは，チームの成功が個々のスキルや知識よりも，チーム内での人間関係やコミュニケーションの質に大きく依存していることを示しています。また，Googleの研究は，心理的安全性を確保するためには，チームリーダーがオープンで包括的な環境を創出し，各メンバーの貢献を評価し，エンパワーメントを促すことが重要であることも明らかにしました。このGoogleの研究結果は，チームづくりのアプローチを再考するきっかけとなり，組織内のコラボレーションとチームのパフォーマンス向上に貢献する重要な洞察を提供しています。

この記事では，心理的安全性をチーム内の環境のように意味づけています。しかし客観的な環境と主観的に認識した環境で分けて考えると，心理的安全性は主観的に認識した状態が重要になると思います。つまり，あくまで，個々のチームメンバーがどう認知しているかが決め手になるということです。

そのため，本書における心理的安全性の定義は，エドモンドソンの定義の文末を少し変えて，「心理的安全性とは，対人的リスク（恥をかく，拒絶・批判される）を伴う行動（例えば問題点を指摘，支援の要請など）を，リスクを懸念せずに行えると認知された状態をいう。」としました。

第3章

マインドセットのコンテンツ

本章では，本書の教育プログラムを実践していくうえで，一人ひとりに共感・納得してもらいたいマインドセットを明らかにします。具体的には，「自己理解・他者理解の着眼点は認知スタイル」「協調設計の要点は『自分らしさ』の発揮と抑制」「デザイン思考」「量子力学と東洋思想」について順に述べていきます。

1　自己理解・他者理解の着眼点は認知スタイル

一つ目は，「自己理解・他者理解の着眼点は認知スタイル」ということを理解してもらうことです。本書における「自己理解」の定義は「個人が，自己の仮説タイプをもてるようになることである」です。まずそこが起点になります。そして，その仮説は，仮説検証[81]を通じて修正可能であるとともに，本人の試行錯誤によって探索すべきです。なぜなら，他者が，タイプの判定をすることや，断定的に伝えることは，その個人のタイプを他者が決めつけることになるからです。そのため，他者が，心理テストなどを実施して，そこで出た結果をもって確定的な結果であるかのように示すことや，確定的に

81　仮説検証は，特定の想定や理論を試験するためのプロセスです。仮説を立て，それを実験や観察で検証することで，知識や理解の正確性を確かめます。この手法の意義は，情報の真偽を区別し，誤った信念や先入観を排除することにあります。自己理解の面での重要性は，自分の思考や信念を客観的に評価し，誤りを修正する機会を提供してくれることにあります。それにより，より明瞭かつ正確な自己認識をもつことができます。

扱うことは，タイプ論の誤用になることを理解しなければなりません。ユングのタイプ論を利用する教育では，自己決定権[82]の侵害にならないように留意することが重要です。

「自己理解」は，ユングのタイプ論の三つの指標を座標軸にして行います。構え（両極である外向と内向）と心理機能（＝知覚機能の両極である感覚機能と直観機能，判断機能の両極である思考機能と感情機能）に関わる構成概念を利用します。個人が，タイプ論を浅くても（＝精緻でなくても）正しく理解し内省の際の座標軸にすることができれば，ユングのタイプ論の視点から自他の認知スタイルの特徴・差異を理解できるようになります。

「他者理解」の定義は「個人が，他者のふるまいなどに基づいてその者の指向を解釈し，その者の真のタイプを推定するとともに，その他者とのかかわり合いから生じる相互作用を考えられるようになることである」です。他者理解は，自己理解の延長にあり，他者理解が自己理解をさらに促進するという循環的関係にあると考え

82　自己決定権（Autonomy）は，明文ないし成文化されていない基本権です。人の「真のタイプ」は分からないため，個人が自己探索の中で仮説検証を繰り返すことで確信の感覚を高めていくことが，最も倫理的に問題のないやり方になります。できれば，その際は，タイプ論の専門家の支援を受けることが望ましいでしょう。

ます。したがって，自己理解の方法とスキルが身に付けば，他者のタイプを推定し，状況や自己との相対関係で変化する他者との相互作用の成り行きも考えられるようになります。ただ，他者のタイプの推定では，自己のタイプの仮説構築と比べて，外形的な情報に頼らざるを得ないこと，また，推定にかける時間に制限があること，そして，推定の対象となる他者が，都度の必要性の中で定まり，かつ必要性の変化とともに変わっていくことなど，自己理解のときとは異なる事情があります。

そのため，他者のタイプの推定内容の検証は，自己理解の場合とは別に考えた方が現実的です。つまり，他者理解については，とりあえず他者のタイプを推定できればよく，そのうえで，他者との相互作用の成り行きを考えられることが大事なのです。最初は，推定が外れても，次第にうまくなっていけばよいという考え方です。

2　協調設計の要点は「自分らしさ」の発揮と抑制

二つ目は，「協調設計の要点は『自分らしさ』の発揮と抑制」ということを理解してもらうことです。

本書における「自分らしさ」の定義は「個人が，自己理解を踏まえて導き出した自己の中核となるセルフイメージのことである」です。自己理解は，自分らしさが強みと弱みになる状況のイメージをもてるようになることも含みます。また，他者理解は定義のとおり自己と他者の自分らしさが干渉し合うことも想像できるようになることを含みます。そして，自分らしさを，特定の状況の中で，どのように発揮し抑制すべきかを想像できるようになること（＝メタ認知的モニタリングとメタ認知的コントロール）が，互いの信頼感や心理的安全性を高めるうえでも重要であることを意識するようにしていくのです。

ここで，自分らしさの発揮を状況適応的にするために，タイプごとにみたメタ認知的活動（モニタリングとコントロール）の例を示してみます。

外向タイプの場合：

自分ばかり話していることに気づいたら，まだ発言していない人や何か言いたそうな人がいないかモニタリングし，自分が聞き役に回ろうとしてみる。

内向タイプの場合：

発言する人に頼って黙っている自分に気づいたら，あるいは，考えがまとまっているのに表出しない自分に気づいたら，意見を出す側に回ろうとしてみる。

感覚タイプの場合：

細かいことにこだわっていることに気づいたら，全体像や概要の情報を発信している人がいるかモニタリングし，意見を聞いてみる。

直観タイプの場合：

観念的・抽象的なことに夢中になっていることに気づいたら，実用的・現実的情報を発信している人がいるかモニタリングし，意見を聞いてみる。

思考タイプの場合：

的確で明確で率直な発言で相手を追い詰めていることに気づいたら，今までの話の内容を思い返して，同意できる点を話してみる。

競争を嫌い，調和を優先する人がいることを思い出すようにする。

感情タイプの場合：

批評したり評価したり衝突したりすることを避け過ぎていることに気づいたら，合理的見地から厳しいことをいう人の心情を想像してみる。

競争を好み，無能さを嫌う人がいることを思い出すようにする。

「自分らしさ」の発揮は，タイプの特徴や能力をチームに貢献するために最大限に活用することがねらいです。一方で，「自分らしさ」の抑制は，タイプの特徴が他者との協力を妨げる場合やチーム全体のパフォーマンスを低下させる可能性がある場合に，その特徴を自己統制することを指します。

例えば，外向タイプは積極的に意見を出すことでその性向を生かしますが，同時に他の人が発言する機会を奪わないように，自己の発言を抑制することも必要です。また，内向タイプは思考を深く掘り下げて考えることでその性向を生かしますが，頭の中にあることを他者と共有するために自己の沈黙を抑制することも必要です。

各々が自分自身の「自分らしさ」を理解し，それをうまくチーム内で発揮・抑制できるようになることで，心理的安全性も向上し，チームのパフォーマンスも向上すると考えます。自己理解と他者理解，そして自分らしさを状況適応的に発揮し抑制できるようになることを，しっかり意識していくことが大切です。

3　デザイン思考

三つ目は，d.schoolの「デザイン思考」（以下，デザイン思考）の考え方を，そのまま参考にします。

スタンフォード大学のd.school[83]が2005年に設立されて以来，シリコンバレー発祥のテック企業の興隆とともに，d.schoolの唱えるデザイン思考に対する社会的な

83　スタンフォード大学のd.school（正式にはHasso Plattner Institute of Design）は，2005年にHasso Plattner（ドイツに本社を置く大手ソフトウェア企業のSAPの共同経営者で，大学に3,500万ドルの寄付をした）が設立しました。学際的なデザイン思考を教え，学生は問題解決手法を学びます。特徴は実世界の問題を解決するプロジェクトベースの学習と，様々な専門領域からの学生と教職員が協働することです。

認知と関心が高まりました。デザイン思考への期待は大きいですが，相互批判が乏しい使われ方ではイノベーション創発に結びつかないという批判[84]やデザイン・ドリブン・イノベーション[85]という対置的アプローチも提唱されています。

デザイン思考の定義は多様ですので，ここでは「デザイナーが日常的に使用するマインドセット（思考・行動のパターン），スキルセット（思考ツールの使用に関する知識）を社会で広く使用できるよう体系化，ツール化したものである」[86]と理解しておきます。

デザイン思考は，成功するアイデアの三つの条件であるFeasibility（現在またはそう遠くない将来，技術的に実現できるかどうか），Viability（持続可能なビジネスモデルの一部になるかどうか），Desirability（人々にとって合理的で役立つかどうか）のバランスを取ることが基本になります。

さて，デザイン思考は，本来的には「やっかいな問題（Wicked Problem）」を対象にして取り組むものです。そ

---

84 Jen, N. “Design Thinking Is Bullsh*t.” 99U Conference, 2017 June 7-9. https://www.youtube.com/watch?v=V8gjDsW3lsY&t=13s

85 ロベルト・ベルガンティ（著），佐藤典司（監訳），岩谷昌樹・八重樫文（監訳・訳）(2012).『デザイン・ドリブン・イノベーション』. 同友館（Verganti, R. (2009). *Design-Driven Innovation: Changing the Rules of Competition by Radically Innovating what Things Mean*, Harvard University Press.）

86 廣田章光(2022).『デザイン思考　マインドセット＋スキルセット』. 日本経済新聞社，p. 8.

のため，早く失敗し，早く学ぶために，正しい試行錯誤を可視化したプロセスが提示されています。それが，d.school が開発した Design Thinking Process[87] において提示されたデザイン思考の五つのステップです。このステップは，試行錯誤を正しく行うためのものであるため，ステップの進行はイタレイト（iterate）であり非線形になります。

各ステップの概要を，参考文献[88] に基づいて示します。

Empathize（共感）のステップ

対象となる人間が置かれている状況を理解し共感を通じて問題を発見することに取り組む段階です。

Define（問題定義）のステップ

発見した問題を考察し解決可能な水準で問題を表現することに取り組む段階です。

Ideate（アイデア創出）のステップ

問題が解決されたときの体験を考えその体験が実現されるためにどのような製品・技術・サービスが必要かを考えることに取り組む段階です。

Prototype（試作）のステップ

手持ちの材料を使ってすぐに修正できる試作品をつく

87　d.school. (n. d.). An Introduction to Design Thinking PROCESS GUIDE. Hasso Plattner Institute of Design at Stanford. https://web.stanford.edu/~mshanks/MichaelShanks/files/509554.pdf

88　廣田章光（2022）．『デザイン思考　マインドセット＋スキルセット』．日本経済新聞社，pp. 72–74.

ることや，サービスから生まれる顧客の体験を可視化するために体験・感情の進行図・動画・寸劇をつくることなどに取り組む段階です。

Test（検証）のステップ

できあがったプロトタイプに対して，ユーザーや顧客のニーズ・期待・問題に適切に対応できるものをつくっているか（Validation）や，実際に機能し持続可能なビジネスモデルの一部になるか（Viability）などの観点から評価をするため，実際に対象となる人間への検証を行う段階です。

また，意識すべき思考と行動は「d.schoolのマインドセット」として次の七つに整理されています[89]。

①人々の価値観に焦点を合わせること。
②言葉よりも形にして見せること。
③分かりやすいコンセプトを生み出すこと。
④アイデアを素早くプロトタイプで表現すること。
⑤プロセスを意識し重視すること。
⑥考えるだけでなく実行すること。
⑦多様なメンバーのチームで協働すること。

これらをまとめると，「人間中心（Human-centered）による思考」が基底になり，その上に，「ビジュアル

89　廣田章光（2022）．『デザイン思考　マインドセット＋スキルセット』．日本経済新聞社，pp. 70–72.

（Visual）による思考」「チーム（Team）による思考」「体験（Experience）による思考」「リフレーミング（Reframing）による思考」が並んでいる構図[90]です。

このデザイン思考の思考技術とマインドセットは,「タイプ活用教育型の協調設計」と非常に親和性があり有用であると考えます。

特に,「リフレーミング（Reframing）による思考」に関する知識と体験を提供することが，最も重要な基礎教育になるでしょう。

なお，多様性のあるチームで，メンバーのリフレーミング（Reframing）を促進することは，「認知コンフリクトの予防・低減」と「新結合の促進」に必要不可欠であると思います。

4　量子力学と東洋思想

四つ目は,「量子力学と東洋思想」です。マインドセットにするというよりは，あくまでこのような思想に共鳴できる人は，本書の教育プログラムの根底にある考え方を受け入れやすいという意味です。

そもそもユングは，心理学，哲学，宗教学，文化論，そして神秘主義に対して広範で深淵な興味を持っていました。ユングの博士学位論文の題目は「いわゆるオカル

90　廣田章光（2022).『デザイン思考　マインドセット＋スキルセット』. 日本経済新聞社，pp. 77–78.

ト現象の心理学と病理学」でした。

このようにスピリチュアルな事象に興味・関心があったユングは，共時性（Synchronicity：シンクロニシティ）という概念（意味としては「意味のある偶然の一致」）を提示しました。そして，ノーベル物理学賞を授与（1945年）されたスイスの物理学者パウリ（Wolfgang Ernst Pauli, 1900-1958）と共著「自然現象と心の構造—非因果的連関の原理」（1955/1976）を出版しています。なお，パウリがユングに傾倒していったきっかけは，精神的不調に陥ったとき，ユングの治療を受けたことでした。ユングが交流を通じて，量子力学の非因果性[91]や量子もつれ[92]に関心をもったことは間違いないでしょう。

一方，ユングと東洋思想の関係については，プロテスタントの宣教師でシノロジスト（中国学者）ヴィルヘルム（Richard Wilhelm, 1873-1930）が深く関係しています。ヴィルヘルムが，易経のドイツ語翻訳を出版したのは1923年で“I Ging. Das Buch der Wandlungen”（「易経，変化の書」）というタイトルでした。同書は，東洋思想に関心がある読者だけでなく，心理学者，哲学者，芸術家などの広範な読者に影響を与えました。ユングは同書

91　Non-causality in quantum mechanics：量子力学の非因果性は，事象が通常の因果的な連鎖に従わずに発生するという量子の特性を指します。

92　Quantum entanglement：量子もつれは，二つ以上の量子粒子が互いに密接に関連し，一方が何かを経験すると他方も同時に影響を受ける現象を指します。この現象は量子の非局所性（物理的な距離にかかわらず瞬時に効果が表れる特性）を示しています。

の序文を書いており，その思想に強く影響を受けたと述べています。

ちなみに，昭和の思想家で中国古典の大家であった安岡正篤（1906-1986）の著書「易学入門」[93]をみると，易経にみられる思想的特徴として次の三つをあげています。

「第一は，単なる概念や論理の静態的 static な観察ではなく，生々とした力を持つ動態的 dynamic, kinetic なものである。」
「第二は，定型主義・画一主義 uniformitarianism ではなくて限りなき変化，創造的変化を認める diversitarianism である。」
「第三は，機械的定則 mechanical regularity ではなく，有機的統一 organic unity を旨とする organicism である。そこには深い形而上学的思想と同時に，偉大な芸術性 romanticism がある。」

占筮《せんぜい》[94]の符徴《ふちょう》[95]は，陰の記号（短い棒が横並びした形）と陽の記号（長い横棒）であり，それを三つ組み合わせると八卦《はっけ》になり，八卦が上下に組み合わさると

93　安岡正篤（1963）．『易学入門』．明徳出版社.
94　筮竹《ぜいちく》で卦《け》を立てて，周易《しゅうえき》の理によって吉凶を判断すること。
95　ここでは，記号や符号のこと。

六十四《ろくじゅうし》卦《け》になります。

易経は，陰陽という二律背反の構成概念を用いて，イメージとしての二極構造を組み合わせ，エネルギーの循環過程の機序を暗喩しているように思えます。

第4章

スキルセットのコンテンツ

本章では，タイプ活用教育型の協調設計を実践していくうえでチームメンバーと共有しておくべきスキルセットを，できるだけ事例を入れて分かりやすく提示します。なお，列挙にあたっては，理解する目的別に分けた五つのカテゴリーで説明していきます。

具体的には次のような項目を取り上げます。

1．チームという協働形態を理解する（5項目）：

チーム，チームの効果性モデル，チームビルディング，チームパフォーマンスの方程式，タックマンモデル

2．チームの活動を理解する（5項目）：

タスクワークとチームワーク，チームワークの概念図，コミュニケーション，リーダーシップとフォロワーシップ，Teamology のロールマップ

3．チームの成果を理解する（5項目）：

アウトプットとアウトカム，イノベーション，自己効力感，首尾一貫感覚，ウェルビーイング

4．協働のプラス面を理解する（3項目）：

共有メンタルモデルと暗黙の協調，経済発展の3T，多様性と成果の関係

5．協働のマイナス面を理解する（11項目）：

コンフリクト，共有情報バイアス，ブレインストーミングとプロダクションブロッキング，ヒューマンエラー，チームエラー，ダウトパーソン，集団浅慮，集団極化，コミットメントのエスカレーション，アビ

リーンのパラドックス，非倫理的意思決定

1　チームという協働形態を理解する

(1) チーム

「チームワーク」というカタカナ語は，耳になじんでいると思います。しかし,「チームとは何ですか？」「グループや班とどう使い分けたらよいのですか？」と聞かれたら，明確に答えられるでしょうか。そこで「チーム」とは何か,「チームをつくるべきときはいつか」ということについて解説します。

まず,「チーム」とは，目的を持って集まった二人以上の人々が，コミュニケーションを取りながらつくり上げる社会システムです。チームとして成立するためには，次の四つの要素を備えている必要があります[96]。

〈達成目標の存在〉

チームとして達成すべき目標が存在すること。

〈協力と依存の関係〉

協力し合って取り組み，目標達成のために相互に依存する関係があること。

〈役割分担〉

各メンバーに果たすべき役割があること。

96　山口裕幸（2008).『チームワークの心理学　よりよい集団づくりをめざして』. サイエンス社，pp. 11-14.

〈明確なチームメンバー〉
　チームのメンバーが誰かを明確に認識できること。

　ここで注意していただきたいことがあります。それは，チームは万能薬ではないということです。しかし世の中には，チームで事に当たればうまくいくだろうという漠然とした期待感があるため「とりあえずチームをつくって対応しよう」という安易な考えも横行しているのではないでしょうか。無計画なチーム編成は，混乱，遅延，質の低い意思決定を引き起こすことにつながります。だからこそ，事に当たろうとするとき，チームを編成することは例外対応として心得るべきなのです。チームをつくることは原則ではありません[97]。
　そして，最も重要なことは，うまくいかない場合でも，その失敗から学ぶことです。何度も試行錯誤を重ねる中で，適切なチーム編成や運営の方法を見つけていくことが大切です。
　失敗には学ぶべき重要な情報が含まれています。挑戦し続けることで，次回に生かすための気づきや知識を得られるのです。そんな失敗から学び，進化し続けることができるメンバーこそが，優秀なチームをつくります。
　つまり，強固なチームを築くためには，成功体験だ

97　Thompson, L. L. (2015). *Making the team: A guide for managers.* Pearson, p. 29.

けではなく，失敗体験からも学びを得る（learning from failures）という意識や柔軟な思考が必要になります。この視点を持つことで，チーム全体としても成長し続けることができます。そして，その成長こそが，最終的な成功への道筋を描くのです。

チームをつくる際には，チームといえるための四つの要素と，失敗から学ぶ大切さを忘れないでください。困難な課題に直面したときこそ，優れたチームとしての真価を発揮するでしょう。

（2）チームの効果性モデル

「人が集まってくることが始まりであり，人が一緒にいることで進歩があり，人が一緒に働くことが成功をもたらす（Coming together is a beginning. Keeping together is progress. Working together is success.）」これは，フォード・モーター・カンパニーの創業者，ヘンリー・フォード（Henry Ford, 1863–1947）の言葉です[98]。成功を収めるためには，個々の能力だけでなく，協働によって相乗効果を生み出すことが必要であることを述べています。

それでは，チームというのは，どのように結果（あるいは，成果）を出していくのでしょうか。ここでは，チームが結果や成果を産出していくメカニズムを，I-P-O モデ

98　チームワークの重要性を強調するヘンリー・フォードの言葉として知られています。ただ，この言葉の出所がどこにあるかは明らかでありません。

ルで整理した先行研究を紹介します。I-P-Oとは,「入力(Input)」「プロセス(Process)」「出力(Output)」を意味します。余談になりますが,理解の前提になるため,認知革命(cognitive revolution)について触れておきます。1945年,世界初の電子式デジタルコンピュータとして「ENIAC(Electronic Numerical Integrator and Computer)」が完成しました。それが契機となり,人間の思考をコンピュータの情報処理に擬してモデル化する試みが,心理学を中心に学際的に広がりました。そのパラダイムシフト(paradigm shift)[99]のことを,認知革命と呼びます。I-P-Oとは「Input-Process-Output」のことで,認知革命の文脈の中で生まれた発想になります。

さて,米国の社会心理学者マグラス(Joseph E. McGrath)は,グループ(本書でいえば,チーム)の結果産出の機序を説明するために,諸要素(Group composition, Group process, Task performance, Effects on membersなど)を線で結んだ「Frame of reference for analysis of group(グループを分析するための参照の枠組み)」を提示しました[100]。

その後,社会・組織心理学者のハックマン(J. Richard Hackman)が,それをI-P-Oのフレームワーク

---

99 パラダイム(支配的な理論や視点)が新しいパラダイムに取って代わられることです。例えば,天動説から地動説になったことです。

100 McGrath, J. E. (1964). *Social psychology: A brief introduction.* Holt, Rinehart, & Winston.

で発展させて「a traditional paradigm for analysis of group interaction as a mediator of performance outcomes（パフォーマンスの成果の機序としてのグループ内相互作用を分析するための伝統的なパラダイム）」（**図4-1**）を提示しました[101]。現在は，このモデルが広く受け入れられています。このモデルの名称の邦訳に「チームの効果性モデル」[102]があり，本書もそれに倣いました。

なお，図中の英語の意味は，以下の説明を参考にしてください。原著の図中の用語を，図の中に収まるように簡潔に和訳すると意味の輪郭がズレてしまうこともあるため，原著の図をそのまま引用しました。その方が，読者が正しくイメージできると考えたからです。また，読者が「元々の言葉は何と書いているのだろうか」と思ったときに原著を調べる手間が要らないと思いました。

それでは，**図4-1**（邦訳としては「チームの効果性モデル」）を見ていきます。

入力（Input）

チームがもともと持っていたり，所与の条件となっているものです。「個人レベルの変数（例えば，メンバーのスキル，態度，性格，特性のパターン）」「チームレベ

---

101 Hackman, J. R. (1987). The design of work teams. The handbook of organizational behavior. JW Lorsch. In Book The Design of Work Teams. Handbook of Organizational Behavior. Prentice-Hall.

102 池田浩（2016）．「チームが効果的に機能するには」越智啓太（編）『心理学ビジュアル百科』．創元社，pp. 78-79.

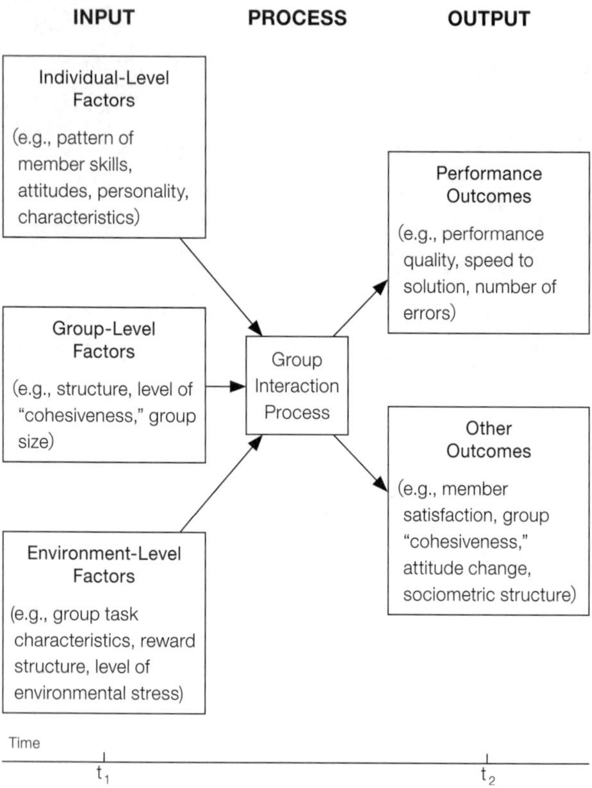

図4-1　An input-process-output framework for analyzing behavior and performance（脚注[103]の文献より引用）

103 Lorsch, J., W. (1987). *Handbook of organizational behavior*, Prentice Hall, p. 316.

ルの変数（例えば，構造，結束性のレベル，チームの人数）」「環境レベルの変数（例えば，タスクの特性，報酬の構造，環境ストレスのレベル）」があります。

プロセス（Process）

入力の変数が，相互に作用しながら結果や成果に至る機序であり，包括的にいえばプロセスになります。

出力（Output）

「パフォーマンスのアウトカム（例えば，パフォーマンスの質，解決までの速度，エラーの数）」と「その他のアウトカム（例えば，メンバーの満足度，チームの結束性，態度の変化，ソシオメトリック構造[104]）」に分けられています。

なお，Output と Outcome が明確には定義されていませんが使い分けられています。使い分けは，次のようになっていますので参考にしてください。Output：特定の活動から直接的に生じる産物を指します。したがって，活動の即時的な結果や量的に把握できる産出物を確認して評価することができます。効率性（efficiency）に関係します。Outcome：特定の活動が引き起こす，より長期的で質的な変化や影響を指します。したがって，所期の目

104 ソシオメトリー（sociometry）とは，集団内の人間関係や選好を測定・解析する手法です。ソシオメトリック構造（sociometric structure）とは，ソシオメトリーの調査結果をもとに明らかにされた，人間関係の全体的構造やパターンを指す用語です。

的や目標が，活動によって達成された度合を検証し評価することができます。有効性（effectiveness）に関係します。

この「チームの効果性モデル」を踏まえるとき，協調設計でチームメンバーの性格（あるいは，認知スタイル，タイプ）を重視することの理由が，一層，明解になります。

一人ひとりの性格がチーム全体のパフォーマンスに影響を与えること，目的に照らして適切な規模の人数があり，その要員の中で深層的多様性をどうバランスさせるかが，アウトプットやアウトカムにはっきり影響するからです。こういうことからも，よく考えてチームをつくらないと，かえって効率性や有効性を下げることになるのが分かります。

チームのパフォーマンスを高めるためには，メンバーの「パーソナリティ（人の広い意味での行動に時間的・空間的一貫性を与えているもの）」[105]やスキル，チームのサイズ（人数）などの入力要素を適切に組み合わせ，良好な作業プロセスを確立し，出力を自然に高めていくことが重要なのです。

（3）チームビルディング

世界的に有名な建築家フランク・ロイド・ライト[106]の逸話です。

ロイドは，自身がデザインした建築物の屋根から水漏れが発生したとクライアントから苦情を受けとき「その漏れる場所で雨を感じることができるなんて，どれほど素晴らしいことか」と返答したそうです。これは，ライトが自身のビジョンを優先し，チームやクライアントの意見を軽視した結果，建築家と依頼主との間で共有すべきゴールの設定がズレてしまった例といえるでしょう。

では，これを避けるためにはどうすれば良いのでしょうか。それを「チームビルディング」の概念から考えていきます。

チームビルディングは，チームメンバーとの良い関係づくりをすることのように思われがちですが，それだけではありません。チームビルディングは，チームの効率と成果を高めるための戦略的なアプローチなのです。それは，組織の問題を内部から解決しようとする長期的かつ体系的な実践のプロセスで，その焦点は常にチームの運営の改善に置かれています。

チームビルディングの定義は多様ですが，米国の心理学者レヴィ（Daniel Levi）によれば「Team building

---

105 中島義明・安藤清志・子安増生・坂野雄二・繁桝算男・立花政夫・箱田祐次（編）(1999).『心理学事典』. 有斐閣.
性格は現象として表れる個性的な行動パターンそのものを指すのに対し，パーソナリティはそうした行動パターンと，それを生み出す心理学的構造全体を指す概念になります。

106 フランク・ロイド・ライト（Frank Lloyd Wright, 1867-1959）は，米国の代表的建築家です。彼は「有機建築」の理念を提唱し，自然と一体化した建築を目指しました。ライトのキャリアは70年以上にわたり，その間に500以上の作品を生み出しました。彼の代表作には，ペンシルベニア州に建つ「フォーリングウォーター」や，ニューヨーク市の「ソロモン・R・グッゲンハイム美術館」などがあります。

is organizational development intervention that focuses on improving the operations of work teams.（チームビルディングとは，チームの運営の改善に焦点を当てた組織開発の介入である）」[107]と定義されます。なお，組織開発（Organizational Development：OD）とは，「組織内の人的要因を含めた組織の諸問題に対して，組織内部者同士の協働的な関係性をベースとして働きかけていく，長期的，体系的な実践のプロセス」[108]のことをいいます。

では，具体的にはどのようにチームビルディングを進めるべきでしょうか。それを考えるためには，四つの要素，つまり「活動の枠組み」，「チームの構成」，「場・環境」，「関係性」を理解する必要があります。この四つの観点を踏まえて，チームビルディングに取り組んでいくことになります。そして，特に「活動の枠組み」を考える際に有用になるのがGRPI（グリッピー）モデル（**図4-2**）です[109]。

米国の組織開発の研究者でありコンサルタントであったベックハード（Richard Beckhard, 1918–1999）は，チー

---

107 Levi, D. (2015). *Group dynamics for teams.* Sage Publications. p. 350.

108 中村和彦（2009）．「組織開発」産業・組織心理学会（編）『産業・組織心理学ハンドブック』．丸善，pp. 228–231.

109 中村和彦・塩見康史・高木穣（2010）．「職場における協働の創生：その理論と実践」『人間関係研究（南山大学人間関係研究センター紀要）』，9，1–34.

110 Beckhard, R. (1972). Optimizing team-building efforts. *Journal of Contemporary Business*, 1 (3), 23-32.

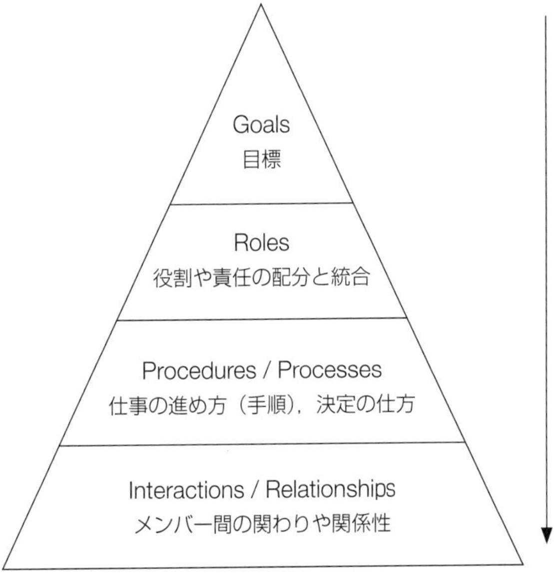

図4-2　GRPI モデル（脚注の文献[109]より引用）

ムビルディングの目的を四つ（目標設定，役割・責任の明確化，進め方・決め方の明確化，メンバー間の関係性）に大別できることを指摘しました[110]。その後，ベックハードの指摘に沿ったモデルが考案され，ベックハードモデルまたはGRPIモデルと呼ばれています。

GRPIモデルでは，チーム活動の効率性や有効性を改善するためには，Goals：目標，Roles：役割，Procedures/Processes：仕事の進め方（手順），決定の仕方，

Interactions/Relationships：メンバー間の関わりや関係性，の順に重要であるとされます。

Iの次元で起こる様々な問題は，G，R，Pの中の一つについて正しく理解していないために生じることが多いということです。

チームの人間関係がよくないときは，G，R，Pができているかをまず考える必要があります。

ここでライトのエピソードを考えてみましょう。屋根からの雨漏りは，彼の個人的なビジョンとクライアントの要望との間で「G」が共有されていなかったのではないでしょうか。

また，「R」が明確でなければ，誰がどの問題を解決すべきなのか，そしてどのように行動すべきなのかが分からず，結果的に問題は放置され，さらに大きな問題へと発展する可能性があります。同様に，「P」が明確でないと，同じ目標に向かって進むはずのチームがバラバラの方向に進んでしまい，成果を出すことができない可能性があります。それぞれが自分の目標に向かって闘っていてもチーム全体としての目標にはつながらないのです。

このように，GRPIモデルという観点から見れば，チグハグになってしまっている協働の状態を解決する気づきを得ることができます。具体的には，次のことを話し合ってみましょう。

Goals：目標

・明確で説得力のある目標になっているか？

・その進捗とパフォーマンスをどのように測定するのか？

・アウトカムは何か？

Roles：役割

・メンバーと役割が明確になっているか？

・個々の役割が理解され共有されているか？

Procedures/Processes：

仕事の進め方（手順），決定の仕方

・仕事をするうえで適切な規範と手順があるか？

・意思決定の仕方は理解され共有されているか？

Interactions/Relationships：

メンバー間の関わりや関係性

・どのように協働し，人間関係を健全に保つか理解されているか？

・コミュニケーションと相互理解は促進されているか？

（4）チームパフォーマンスの方程式

ある日，サッカーファンの間で，次のような議論が起こりました。「11 Best」と「Best 11」では，どちらのチームが強いのだろうか。さて，それぞれのチームは一体何を意味しているのでしょうか。

まず，「11 Best」とは「11人のBestプレーヤーを集めたチーム」を意味します。様々なチームから最も優れた能力を持つ選手を１人ずつ選び，11人を集めて結成されるチームです。個々の選手はそれぞれがそのポジションで最高のパフォーマンスを発揮する能力を持っています。他方，「Best 11」は，個々の選手の実力はバラつきがありますが「Best なチームにするために必要な11人のプレーヤーを集めたチーム」です。あくまで，コーチング，戦略，選手の健康状態，士気，試合状況など，他の多くの要素が同じ条件にあるという前提を置く必要がありますが，「Best 11」のチーム編成の方が「11 Best」よりも，平均したときのパフォーマンスはよくなりそうです。

米国の社会心理学者スタイナー（Ivan Dale Steiner）は，「プロセス・ロス」という概念を詳しく調査しました。そして，集団の成果（実際の生産性：AP）と，集団のポテンシャル（潜在的な生産性：PP）との間に生じるギャップを「プロセス・ロス」と定義しました。そして，このギャップが広がる主な原因として，調整の失敗によるロス（coordination loss）や動機づけの低下（motivation loss）をあげました[111]。ここでサッカーチームを思い浮かべてみましょう。全員が個々に優れた技術を持っていても，それが組織的にまとまらなければ，試合で良い結果

---

111 Steiner, I. D. (1972). *Group process and productivity.* New York: Academic Press.

を出すことは難しいと思います。全員がバラバラに動いてしまうと，チーム全体としての「調整の失敗」が起こるからです。また，集団の人数が多くなると責任が分散して「動機づけの低下」が起こりやすくなるからです[112]。

米国の組織学者トンプソン（Leigh Thompson）は，スタイナーの考えを発展させて「チームパフォーマンスの方程式（Team Performance Equation）」[113]を提示しています。「実際の生産性＝潜在的な生産性＋相乗効果－パフォーマンスの脅威」になります。

AP = PP + S (synergy) − T (performance threats)

この方程式は，チームの協働設計だけではパフォーマンスの向上は難しく，メンバー間の相乗効果を引き出す取り組みや，集団のネガティブな側面（パフォーマンスの脅威）を予防・抑制する取り組みが，継続的に必要であることを示唆しています。

そして，トンプソンは，プロセス・ロスを予防・抑制するための八つの方法を提案しています[114]。

---

112 社会的手抜き（Social loafing）という概念で呼ばれています。
参考文献：釘原直樹（2011）．『グループ・ダイナミックス　集団と群集の心理学』．有斐閣．pp. 40-47.

113 Thompson, L. L. (2015). *Making the team: A guide for managers.* Pearson, p. 59.

114 同上書，pp. 50-53.

- 個人の貢献を明確にする（Increase Identifiability）
- メンバーをやりがいのある活動に巻き込む（Promote Involvement）
- パフォーマンスに対してメンバーを報奨する（Reward Team Members for Performance）
- チームのまとまりを強化する（Strengthen Team Cohesion）
- 個々のメンバーの責任を高める（Increase Personal Responsibility）
- チームの憲章を作成し，定期的に見直す（Use Team Charters）
- チームのパフォーマンスレビューとフィードバックを提供する（Provide Team Performance Reviews and Feedback）
- 適切な人員レベルを維持する（Maintain the "Right" Staffing Level）

これらのアプローチを用いることで，各メンバーが自分の能力を最大限に発揮し，全体としてのパフォーマンスを向上させることが可能になるでしょう。それがまさに，各メンバーを，「Bestなチームに必要な11人」にしていくことになるのです。

（5）タックマンモデル

チームワークの変化を，グループ発達の視点から説明しようとするアプローチは，Group Development

Perspectiveと呼ばれます。主に臨床グループを研究対象として，メンバー間の対人的相互作用が時間経過とともにいかに変化するかに焦点を当てるものです。

このアプローチの代表的な理論が，米国の心理学者タックマン（Bruce Wayne Tuckman, 1938–2016）により提示されたタックマンモデル（Tuckman's stages of group development）[115, 116]です。

タックマンモデルによれば，形成期（forming），波乱期（storming），規範期（norming），遂行期（performing），解散期（adjourning）という五つのステージがあります。なお，ステージの進行は直線的になるとは限らず，反復的になることもあります。

形成期（Forming）

チームが新しく結成され，メンバーが互いを知るステージです。一般的には，互いに好意的で礼儀正しい関係が保たれますが，明確な目標や役割が決まっていないため，不確実性や混乱を伴うこともあります。

波乱期（Storming）

チームの目標や各メンバーの役割がはっきりしてくると，意見の対立や摩擦が生じることがあります。このステージ

---

115 Tuckman, Bruce W. (1965). Developmental sequence in small groups. *Psychological bulletin*, 63(6), 384-399.

116 Tuckman, B. W., & Jensen, M. A. C. (1977). Stages of small-group development revisited. *Group & organization studies*, 2(4), 419-427.

はチームの成熟度を高めるために必要なフェーズであり，適切に対処することでより強固なチームを形成します。

規範期（Norming）

メンバーが共通の価値観やルール，行動規範を共有し，互いの違いを認め合い，協調するようになるステージです。チームとしてのアイデンティティが形成されます。

遂行期（Performing）

チームが一体となって高いパフォーマンスを発揮するステージです。メンバー間の役割と責任が明確で，効果的なコミュニケーションと協調性が見られます。

解散（Adjourning）

チームが目標を達成し，プロジェクトが終了するステージです。チームの解散や再編成が行われます。

各ステージでは適切なリーダーシップやコミュニケーションが求められ，チームの発達やパフォーマンスに影響を与えます。タックマンは，チームが成長し成果を出していくためには，この五つのステージは必要かつ不可避であると考えました。

表4-1は，筆者が引用文献[117,118]をもとにタックマンモデルの概要をまとめたものです。

---

117 釘原直樹（2011）．『グループ・ダイナミックス　集団と群集の心理学』．有斐閣，pp. 13-15.

118 本間道子（2011）．『集団行動の心理学：ダイナミックな社会関係のなかで』．サイエンス社，pp. 27-32.

表4-1　タックマンモデルの概要（脚注[130, 131]の文献に基づいて作成）

	Stage (Tuckman & Jensen, 1977)	Forming	Storming	Norming	Performing	Adjourning
	本書で使用している訳	形成期	波乱期	規範期	遂行期	解散
	訳（本間，2011）	形成期	怒涛期	規範期	遂行期	休会
	訳（釘原，2011）	形成	波乱	規律成立	課題遂行	離散
スモールグループの変容過程	集団構造	確かめと相互依存	葛藤	まとまりへ	成熟し，統合的で機能的な役割関係	集団の終了（成功や失敗）
	メンバーの心理	不安と緊張	競争，嫉妬，摩擦，敵意	受容，安定	葛藤や曖昧さの減少	満足や達成感，名残惜しさ，後悔，不満
	課題活動	情報収集と確かめ	食い違いの発生	集団目標に向けて促進的	集団目標が明確化	事後評価と今後への引継ぎ
	メンバーの関心	必要な情報	個人的志向が優先	集団として望ましいこと	建設的で効果的な活動	成功の自賛や失敗の言い訳

2　チームの活動を理解する

（1）タスクワークとチームワーク

2004年のアテネオリンピックでは，日本女子ソフトボールチームが金メダルを獲得しました。そして世界中から賞賛を浴びました。一丸となったチームワーク，全員が目標に向かい一心不乱に取り組む姿，それがすべてを勝ち取った瞬間，まさに「チームワーク」の力が観る者を感動させました。

では，そのようなチームワークを築くために，具体的にどのような観点をもっておくべきなのでしょうか。参考文献[119]に基づいて説明していきます。

まず一つ目は，チーム活動中のメンバーは，チームワークだけでなくタスクワークにも関わっているということです[120]。

チームメンバーの発達は，タスクワーク（taskwork）とチームワーク（teamwork）のそれぞれのスキルの成熟に関係しているのです。

タスクワークとは，メンバー個人に割り当てられた課題に取り組むこと（つまり，個人で完結する活動）であり，チームワークとは，他のメンバーと協働するための相互作用を行うことです。

二つ目は，メンバーは，行動面だけでなく，態度面，認知面からも対人的相互作用を行っているということです。チームワークは観察可能な行動的要素と，その基盤となる可視化の難しい心理的要素から成り立っていま

---

119 山口裕幸（2008）．『チームワークの心理学　よりよい集団づくりをめざして』．サイエンス社，pp. 19–24.

120 Morgan Jr, B. B., Salas, E., & Glickman, A. S. (1993). An analysis of team evolution and maturation. *Journal of General Psychology*, 120 (3), 277-291.

す。したがって，効果的なチームワークを発揮するには，行動，態度，認知の三つの要素をバランスよく備えることが必要になるのです。
「行動的要素」は，チーム内の流れを理解し，各メンバーが具体的にどのタイミングで何を行うべきかを明示することです。これには，移行プロセス（事前の計画や戦略立案），実行プロセス（計画どおりに行動する），対人関係調整プロセス（チーム内の調和を保つ）が含まれます。これらの過程を理解し，適切に行動することで，チーム全体の効率と効果が高まります。
「態度的要素」は，チームメンバーそれぞれが持つべき心情や姿勢を指します。メンバーがチームの一員として心地よく感じ，互いを尊重し，共通の目標に向かって一緒に働くための環境を整えることが重要です。具体的には，チームの凝集性を高め，心理的安全性を保つことが求められます。
「認知的要素」は，チーム全体で共有する知識や理解，認識の形成と共有を意味します。具体的には，共有メンタルモデル（チーム全体が共有する認識や理解）やトランザクティブ・メモリー・システム（誰が何を知っているかという情報を共有するシステム）の構築などがこれに該当します。これらを通じて情報の透明性が保たれ，メンバー間の理解が深まり，一致した行動をとることが可能になります。
　これら三つの要素，すなわち「行動」「態度」「認知」

の要素が一緒になるとき，真のチームワークが生まれます。それぞれが独立して重要である一方，それらが相互に作用し合い，全体としての力を増幅させます。まさに，これらが組み合わさったとき，一心不乱に走るアテネオリンピックの日本女子ソフトボールチームのような，強力なチームワークになるのでしょう。

それぞれの場面で適切な行動をとること，互いを尊重し合う姿勢を持つこと，そして共有する知識や理解を深めること。これらを通じて，私たちは一緒に目標を達成するための力強いチームを築くことができるのです。

（2）チームワークの概念図

米国の心理学者ディキンソンら（Dickinson et al.）は「Teamwork model」（**図4-3**）[121] を提示しました。このモデルの名称の邦訳に「チームワークの概念図」[122] があり，本書もそれに倣いました。

さて，チームワークの概念図は，行動面，態度面，認知面に関わる各要素が，どのように関連しながら全体的なまとまりとしてのチームワークを形成するのかを示し

---

121 Dickinson, T. L., Mclntyre, R. M., Ruggeberg, B. J., Yanushefski, A., Hamill, L. S., & Vick, A. L. (1992). A conceptualframeworkfor developing team process measures ofdecision-making performance (Final Report). Orlando, FL: Naval Training Systems Center, Human Factors Division.

122 山口裕幸（2008）．『チームワークの心理学——よりよい集団づくりをめざして』．サイエンス社，pp. 28-31.

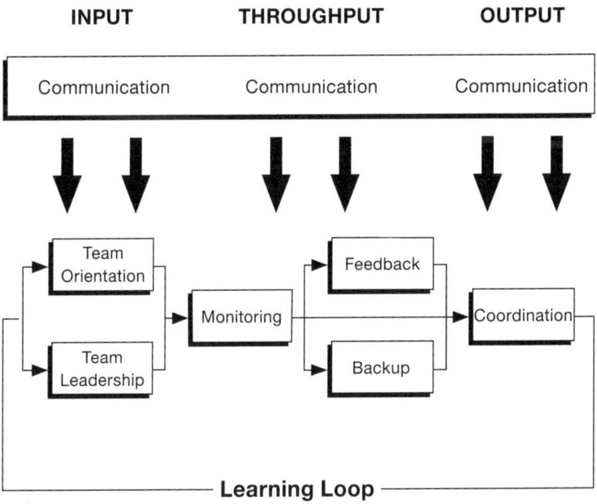

図4-3　Teamwork model（脚注[121]の文献より引用）

ています。山口によれば，各要素の説明（原文）は以下のようになります[123]。なお，図中の「学習のループ」(Learning loop) は要素ではなく，各要素を巡ることを繰り返しながらメンバーが学習していくことを意味します。

チームの指向性（Team Orientation）

「チームの指向性とは，チーム内の良好な人間関係を維持し，目標達成を目指す意気込みや態度であり，メンバーが共有するメンタルモデルと呼ぶのにふさわしいものです。」

123 同上書，pp. 28-31.

チーム・リーダーシップ（Team Leadership）

「チームの中でリーダーの役割を担う人が，メンバー間の相互作用をはじめとして，チームで活動する過程において目標達成を促進するように働きかける影響力です。」

コミュニケーション（Communication）

「連絡，報告，相談や話し合いのように，情報を伝達し合う行動です。他のチームワークの要素を結びつける働きをして，チームワークのプロセス全体を支える基盤となります。」

モニタリング（Monitoring）

「メンバーが，他のメンバーの行動や課題遂行状況を確認したり，チーム全体の現状を確認したりする行為を指します。例えば，他のメンバーは目標どおりに作業を進めているか，一部のメンバーに過剰な負担が生じていないか，チーム全体の調子はどうか，など状態を把握する行為です。ここで正確な現状把握がなされていないと，次のステップであるフィードバックや支援も的外れなものになる危険性がありますから，このモニタリングは重要です。」

フィードバック（Feedback）

「モニタリングで把握したことを他のメンバーに伝えたり，問題があればどのようにして解決すべきかの情報や提案を交換したりする行動です。」

支援（Backup）

「モニタリングの結果，進捗が思わしくないメンバーや，過剰に負担がかかっているメンバーを見つけたら，その作業を手助けする行動を指します。」

相互調整（Coordination）

「フィードバックや支援を行う結果，各メンバーが取るべき行動や役割に一定の変化が生じるので，その変化がチームワークに悪影響を及ぼさないように，互いの行動を調整し合うことを意味しています。メンバー各自のチームワーク行動が，チーム全体の成果により良く結びつくように，締めくくりのステップとして，この相互調整は重要です。」

ここで，一つの成功物語をつくってみましょう。

新製品開発プロジェクトがありました。そのチームは，エンジニアリング，マーケティング，販売，そして製造からのメンバーで構成され，各々が異なる専門知識と視点を持っていました。

初期の段階では，メンバー間のコミュニケーションは頻繁に行われていましたが，それぞれが自身の部門の目線でしか物事を考えておらず，全体の調整がうまくいかない状況が続いていました。ミーティングが進むにつれて，全体像からずれた提案が増え，予定どおりの進行が難しくなりました。そこで，プロジェクトリーダーはチームワークの概念図をもとに対応の仕方を検討しました。まず，「チームの指向性」を高めるために，全員が共有する明確な目標と期待を設定しました。次に，「コミュニケーション」を改善するために，各部門間の情報共有と報告の方法を見直しました。さらに，「モニタリング」を通じて，メンバーが他の部門の課題や進行状況を理解し，「フィードバック」と「支援」を行う機会を設けました。そして，「相互調整」によって各メンバーが取るべき行動や役割の調整を促進しました。この結果，チームは再び一体感を取り戻し，全体としての協調性と効率性が大幅に向上しました。新製品は予定どおりに開発され，大成功を収めました。このようなイメージで，チームワークの概念図を，自職場に活用してみてはどうでしょうか。

(3) コミュニケーション

コミュニケーションは，人間が生きていくうえで，最も身近で重要なことであるため，学際的な概念であるとともに定義も多様です。

あえて，その本質をいうならば，何かを伝えて共有することだといえるでしょう。ただ，その「共有」では，「送り手が受け手と自分が伝えたい意味や立場が伝わったと主観的に認識し，また，それが実際に相手にも同様に受け止められているという前提を置くこと」が，当たり前のように行われています。

逆にいえば，コミュニケーションで重要なことは，送り手が受け手との間に発生している共有認識のズレに気づき，そのズレの内容を踏まえて新たな意味を共有するプロセスが必要であることが分かります。

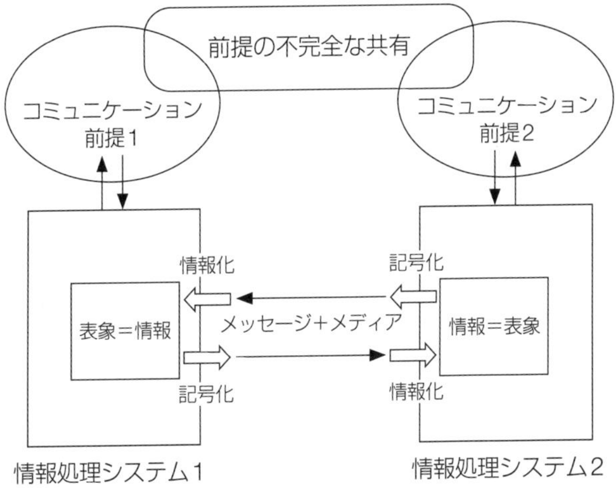

図4-4　コミュニケーションの基本モデル（脚注[124]の文献より引用）

このようなコミュニケーションのズレが分かるモデルが，二者間の「コミュニケーションの基本モデル」（**図4-4**）です。

さて，コミュニケーションは基本的に，言語的コミュニケーションと非言語的コミュニケーションの二つに分けられます。

また，言語的コミュニケーションと非言語的コミュニケーションは独立しており，それぞれが矛盾した内容を

124　池田謙一（2000）．『社会科学の理論とモデル5　コミュニケーション』．東京大学出版会，p. 8.

持つことがあります。特に，非言語的コミュニケーションは本音が表れやすいとされています。言語的コミュニケーションにおける誤解や不具合は，当然のこととして常時発生しているのです。また，異なる価値観を持つ人々との間では，共有される意味の範囲が小さくなることは容易に想像できるでしょう。このため，ズレなく伝えたいことについては，「伝えた」よりも「伝わった」ということに注意と関心を払うことが重要になります。チームワークにおけるやコミュニケーションにおいても，共有のズレを最小限に抑えるために，自他のタイプ（認知スタイル）を意識してコミュニケーションしようとすることが大切です。

（4）リーダーシップとフォロワーシップ

1953年，エドモンド・ヒラリー（Edmund Hillary）とテンジン・ノルゲイ（Tenzing Norgay）は，歴史上で初めて世界最高峰であるエヴェレストに登頂したチームとして名を刻みました。

ヒラリーは冒険家であり，未知の世界への情熱と強いリーダーシップを持っていました。一方，ノルゲイはエヴェレストの地理と気候に深い知識を持つ経験豊富なシェルパで，彼の強力なフォロワーシップがこの遠征を成功に導きました。

ヒラリーのリーダーシップとノルゲイのフォロワーシップが呼応して，お互いの役割を理解し，共有の目標に向かって力を合わせたことで，それまで人類が達成していなかった偉業を成し遂げたのです。

現代のリーダーシップ理論については，1900年代から米国を中心に研究が盛んになりました。産業革命に伴う組織の複雑さと規模の拡大が，効果的なリーダーシップの必要性と重要性を明らかにしたからです。それに伴い，組織行動，心理学，社会学といった学問領域の研究者が，リーダーシップについての理論を開発し始めました。

この間のリーダーシップ理論は，五つのアプローチ（特性アプローチ，行動アプローチ，コンティンジェンシー・アプローチ，認知的アプローチ，交流型リーダーシップと変革型リーダーシップ）に分類できます[125]。

リーダーシップには，様々な理論があり，かつ，生成しているため，教育目的に照らして選択して講義することが必要です。筆者は企業在籍時の管理経験から，マネジリアル・グリッド理論[126,127]，ライフ・サイクル理論[128]

---

125 山口裕幸（2011）．「職場集団におけるリーダーシップ」田中堅一郎（編）『産業・組織心理学エッセンシャルズ』．ナカニシヤ出版，pp. 134-151.

126 Blake, R. R., Mouton, J. S., & Bidwell, A. C. (1962). *Managerial grid.* Advanced Management-Office Executive.

127 Blake, R. R., &Mouton, J. S. (1964). *The managerial grid: key orientations for achieving production through people.* Houston Gulf.

128 状況適合的アプローチの理論であり，フォロワーの準備度や職務的成熟度に合わせて変える管理スタイル（教示的，説得的，参加的，委譲的）を提示しています。
参考文献：Hersey, P., & Blanchard, K.H. (1969). *Management of Organizational Behavior: Utilizing Human Resources.* Prentice Hall, New Jersey.

が，実践的で使いやすいと考えています。

ここでは，マネジリアル・グリッド（**図4-5**）について説明するとともに，タイプ論の観点から思いつく留意点について述べてみます。

なお，図中の用語は原著のままにしています（第4章1（2）参照）。

ともに米国の経営理論家であったブレイク（Robert Rogers Blake, 1918–2004）とムートン（Jane Srygley Mouton, 1930–1987）によって開発されたマネジリアル・グリッド理論は，二つの変数（生産と利益に対する組織のニーズ，成熟した健全な人間関係に対する人間のニーズ）を1～9の目盛りの座標軸にして，マネジャーの基本的な態度と管理スタイルを次のように定義しました。

1・1型（Do nothing management）

この管理スタイルは，求められた仕事をこなす最低限の努力として，組織メンバーの参画意識を維持するくらいでよいとします。

1・9型（Country club management）

この管理スタイルは，人間関係に満足させるための人々のニーズに配慮することで，快適で親しみやすい組織の雰囲気と仕事のテンポをよくしようとします。

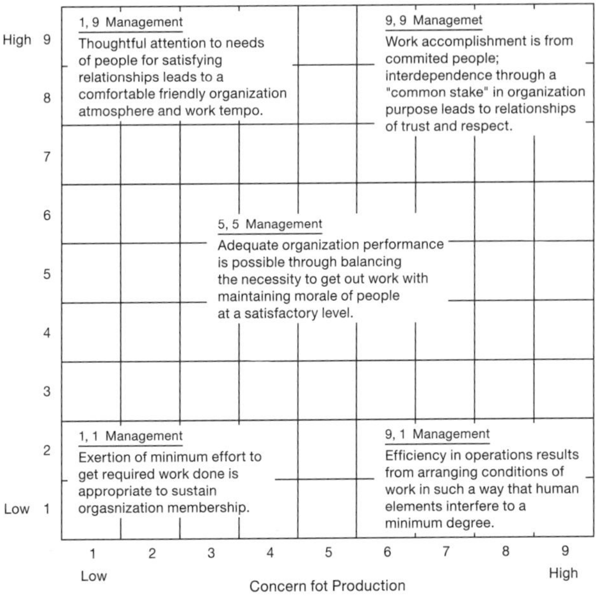

図4-5　Managerial Grid（脚注[127]の文献より引用）

5・5型（Middle of the road）

この管理スタイルは，組織の適切なパフォーマンスをあげるために，仕事をとってくることと，満足なレベルの士気を維持することとのバランスをとろうとします。

9・1型（Task management）

この管理スタイルは，人的なかかわりを最小限にする作業条件を整えることで，作業の効率性をあげようとします。

9・9型（Team management）

この管理スタイルは，仕事の成果は目標に対して熱心な人々がもたらすとして，信頼と尊敬の関係を導く組織目的における「共通の利害関係」を通じて相互依存をつくろうとします。

マネジリアル・グリッド理論は，9・9型のリーダーシップの発揮を理想としています。つまり，組織ニーズと人間のニーズの両方に高い関心をもった管理行動をするリーダーほど効果的なチームマネジメントができると考えているわけです。

たしかにそのとおりだと思います。しかし，タイプ論の観点からその現実的な実行可能性を考えてみます。具体的には，9・9型の管理スタイルは，意識して取り組むことで，その人の習慣的行動として定着するのかということです。というのは，タイプ論の観点から考えてみると，9・9型の管理スタイルを自然にできる人はいないと思うからです。

タイプ論のフレームワークを思い出してみてください。思考タイプの人は9・1型に接近していくのが自然ですし，感情タイプの人は1・9型に接近していくのが自然です。指向（生来の心の利き手）がある以上，どちらかに偏っているのが自然なのです。もちろん，見かけ上，自然体で9・9型になっている人もいるかも知れませんが，その人は意識して利き手でない極を使ってバランスをとっているか，自己統制が無意識にできるようになった人だと思います。

したがって，筆者も含めて普通の人は，自分のタイプの偏りを自覚してバランスをとることを忘れないようにし，時々，失敗しては反省し，軌道修正を繰り返していく取り組みができればよいのです。

さて，ここで改めてリーダーシップとは何かを考えてみましょう。米国の心理学者ストグディル（Stogdill）によると，リーダーシップとは「集団目標の達成に向けてなされる集団の諸活動に影響を与える過程」[129]であるとされています。この定義は，リーダーシップの本質を個人や立場に由来するものではなく，社会的影響力に認めています。一方，フォロワーシップについては，通説的な定義がないため，「リーダーシップの発揮に対して支援的・補完的な影響を与える過程」と筆者は定義しています。リーダーシップについてもフォロワーシップについても，メタ認知を向上させて，自他のタイプを考えながら状況適応的なふるまいと思うことを，まずは試行してみることが大切だと思います。

ところで，チームでは，メンバー間で双方向にリーダーシップを発揮し合う場合があります。これが，共有

129 Stogdill, R. M. (1974). Handbook of leadership: A survey of theory and research. Free Press.

型リーダーシップ（shared leadership）です。共有型リーダーシップとは「集団や組織，またはその両方の目標達成に向けて集団内の複数の個人による動的で双方向の影響過程」[130]と定義されています。

リーダーシップもフォロワーシップも影響を与える過程であるため，特定の個人や役割に紐づいているわけではありません。したがって，チームメンバーの誰もが，主体性と自律性をもって，状況適応的に関わっていこうとする意識が大事なのです。

最後に，タイプ論の観点から，リーダーシップやフォロワーシップの発揮について，留意点を述べておきます。

メタ認知のできていない状況では，リーダーシップやフォロワーシップの発揮が，相手の迷惑になることもあるということです。実際，授業の演習の後のアンケートで，自分の仮説タイプを回答してもらった後，自分にとって「はた迷惑」なふるまいをした人のタイプを推定してもらうと，自分と対極のタイプをあげる人が多いのです[131]。つまり，自分の認知スタイルと違う相手に対しては，その相手の認知の仕方を想像しにくいのです。

このため，リーダーシップやフォロワーシップの発揮

---

130 池田浩（2019）．「リーダーシップ」角山 剛（編）『産業・組織心理学講座　第３巻　組織行動の心理学』．北大路書房，p. 100.

131 杉本洋一（2022）．チームメンバーの「構えのタイプ」間で起きた負の相互作用の検討『日本機械学会第32回設計工学・システム部門講演会講演論文集』，32 (p. 1302).

を動機づけることとあわせて，自分のタイプの理解を深めること，相手のタイプを想像すること，そして，どうすれば状況適応的な相補的協働になるかを事前に考えること，試行し失敗しそこから学ぶことなどを啓発し・試行体験を蓄積させることが重要になります。

（5）Teamologyのロールマップ

ユングのタイプ論を利用したエンジニアリングデザインチームの協調設計（Collaborative Design）において，パイオニア的な位置づけにあるのが，Teamologyです。本書の分類上（第1章2　**表1-1**参照）は，「タイプ直接活用型の協調設計をするアプローチ」における「ハイエンド志向のアプローチ」になります。

「タイプ直接活用型の協調設計」は，最初に個人のタイプを判定して，それに基づいてメンバーの選定・組み合せを設計しようとするため，倫理原則（脚注12参照）の観点からみると問題を孕んでいるといえます。したがって，心理学のメソッドであるMBTIの知財の利用は認められないでしょう。

Teamologyでは，ユングのタイプ論をMBTIとは異なる観点から解釈して，チーム編成のための方法論として独自のアプローチで理論化しています。そこには，革新的価値を生み出すことへの純粋な工学的関心と使命感があるように思われます。

図4-6のロールマップ（チーム内の役割のマップ）

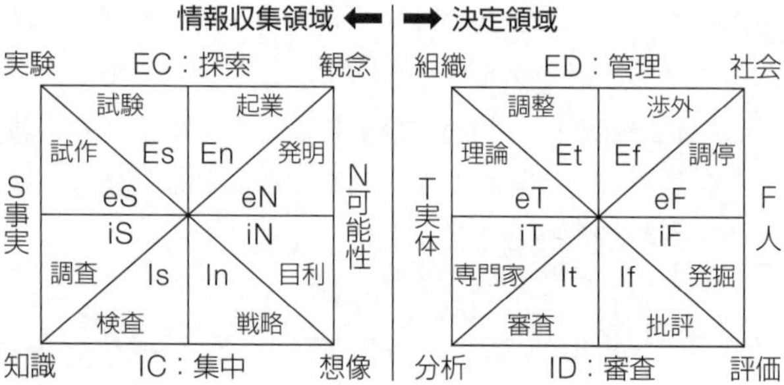

図4-6　チームに必要な役割（脚注[132]の文献より引用）

は，厳密にいうとMBTIの16タイプ（第２章１　**図2-2**参照）ではありません。しかし，見かけ上は同じように解釈しても意味が通ります。以上を踏まえたうえで，Teamologyが示すエンジニアリングデザインチームにおける“認知スタイルの組み合わせの最適化”を見ていきましょう。

二つの正方形（以下，左の正方形，右の正方形）が並んでいます。それぞれ縦線，横線，対角線を境にして，構えと心理機能のタイプの組み合わせがあり，八つの領域に分かれています。

まず，左右の正方形とも，横線を境にして，上側が外向タイプ，下側が内向タイプとなっています。次に，左の正方形は，縦線を境にして，左側が感覚タイプ，右側が直観タイプとなっており，右の正方形は，縦線を境にして，左側が思考タイプ，右側が感情タイプになっています。

このようにして構えと心理機能の組み合せによって認知スタイルの特徴が違う16種類の役割が設定されています。

以下では，それぞれの役割が付与された背景について，タイプ論の解説書[133]を参考にして解釈してみます。

構えが外向で知覚機能が感覚の場合（左の正方形の上側左領域）は，性向として，action-oriented realistsな反応の仕方になりやすい。「試験」や「試作」の役割が例示されています。

構えが内向で知覚機能が感覚の場合（左の正方形の下側左領域）は，性向として，thoughtful realistsな反応の仕方になりやすい。「検査」や「調査」の役割が例示されています。

構えが外向で知覚機能が直観の場合（左の正方形の上側右領域）は，性向として，action-oriented innovatorsな反応の仕方になりやすい。「起業」や「発明」の役割が例示されています。

構えが内向で知覚機能が直観の場合（左の正方形の下側右領域）は，性向として，see to the heart of important problemsな反応の仕方になりやすい。「戦略」や「目利」の役割が例示されています。

---

132 飯野謙次・Wild, D. J. (2007). 「ユングの性格論を利用したチーム形成」『機械の研究』. 59 (1), 155–162.

133 ピアマン, R. R., & アルブリットン, S. C. (著), 園田由紀 (訳) (2012). 『MBTIへのいざない　ユングの「タイプ論」の日常への応用』. JPP. pp. 43–47.

構えが外向で判断機能が思考の場合（右の正方形の上側左領域）は，性向として，action-oriented thinkers な反応の仕方になりやすい。「調整」や「理論」の役割が例示されています。

構えが内向で判断機能が思考の場合（右の正方形の下側左領域）は，性向として，reflective reasoners な反応の仕方になりやすい。「審査」や「専門家」の役割が例示されています。

構えが外向で判断機能が感情の場合（右の正方形の上側右領域）は，性向として，action-oriented cooperators な反応の仕方になりやすい。「渉外」や「調停」の役割が例示されています。

構えが内向で判断機能が感情の場合（右の正方形の下側右領域）は，性向として，care about values and people な反応の仕方になりやすい。「批評」や「発掘」の役割が例示されています。

最後に私見になりますが，このロールマップの役割が期待通りに実現するためには，まず，自我形成が明確な人であること，次に，状況や相手との組み合わせに関わらず自分のタイプの特徴が表出できる人が集まっていること，そして，当事者間の相互作用は常にマイナス面よりもプラス面が上回ること，などが必要になると思われます。

3　チームの成果を理解する

(1) アウトプットとアウトカム

「チームの効果性モデル」の説明で述べた「I-P-O モデル」とは，Input（入力），Process（プロセス），Output（アウトプット）の頭文字を取ったものでした。このI-P-Oモデルは，コンピュータの出現によって起こった認知革命の系譜の中で，コンピュータの情報処理過程に模したモデルとして考案されたものなので，原義的には「アウトプット」でよいと思います。ただ，その後，公共政策などの分野で「アウトカム」という概念が深化していったため，今は「O」を，「アウトプット」と「アウトカム」の両方の語義が重なっているものとして考える方がよいでしょう[134]。さて,「アウトプット」と「アウトカム」の概念ですが，経済学，心理学，組織論などの様々な学問分野で用いられています。ただ，意味する内容は分野により微妙に異なることがありますので，ここで整理し

134「アウトカム」の概念の米国での普及は，主に20世紀後半から21世紀初頭にかけての社会・経済的な変化により進展しました。1960年代～1970年代：公共政策や社会科学の分野で，単にプログラムや政策の出力（Output）だけではなく，それらがもたらす具体的な結果や影響（Outcome）を評価する必要性が認識され始めました。1980年代～1990年代：アウトカム評価のアプローチが広く受け入れられ，公共政策の分野だけでなく，教育，医療，ビジネスなど，様々な分野での評価・測定の手法として採用されるようになりました。2000年代以降：企業が社会的責任や持続可能性を重視するようになり，アウトカムの観点からビジネスのパフォーマンスを評価する動きが強まりました。これにより,「アウトプット」だけでなく「アウトカム」を重視する考え方が広く受け入れられるようになりました。

ておきましょう。

経済学の視点では，「アウトプット」はあるプロセスにおける生成物やサービスと定義されます。一方，「アウトカム」は経済的な価値や社会的な影響を指すことが多いです。

心理学では，「アウトプット」は個々の行動や行為の結果を，そして「アウトカム」はそれがもたらす具体的な結果や影響を指します。例えば，学習行為が「アウトプット」で，それによる知識やスキルの習得が「アウトカム」に当たります。

組織論では，「アウトプット」は組織やチームが生産または提供する具体的な商品やサービスを指します。一方，「アウトカム」はこれらのアウトプットが組織内外にもたらす最終的な影響，つまり組織の成果やパフォーマンスを指します。例えば，製品の生産が「アウトプット」であるなら，その製品が市場でどれだけの収益を生み出すか，あるいは組織のブランドイメージにどう寄与するかなどが「アウトカム」に相当します。

それでは，本書の内容に沿って，これらの概念を再定義してみます。まず「アウトプット」は，チームが実際に行う活動やタスクの成果，つまり行動の産出物を指します。一方，「アウトカム」は，これらのアウトプットがメンバーやチームにもたらす具体的な影響や結果を指します。したがって，チームの効果性という観点からいえば，われわれが目指すべきは「アウトカム」の最大化です。しかし，そのためには各々の「アウトプット」を向上させ，適切に組み合わせることが不可欠です。このように概念整理をしておくことは，チームのパフォーマンスを向上させるための一助になることでしょう。最後に，なんとなく分かるけれど紛らわしい「経済性」「効率性」「有効性」を，参考文献[135]に基づいて整理しておきます。

〈対象は，インプットとアウトプット〉

経済性（economy）

求められるアウトプットに対して，どのようにインプットを抑えるか

効率性（efficiency）

与えられたインプットのもとで，どのようにアウトプットを大きくするか

〈対象は，アウトプットと，アウトカムまたは目標〉

有効性（effectiveness）

到達したアウトプットが求められているアウトカムまたは目標に達しているかどうか

（2）イノベーション

イノベーション（innovation）という言葉を聞いたとき，

---

135 中井達（2005).『政策評価　費用便益分析から包絡分析法まで』. ミネルヴァ書房，pp. 190–192.

どんなイメージが浮かびますか？

この言葉の現代的な意味の起源は，オーストリア・ハンガリー帝国に生まれた経済学者シュンペーター（Joseph Alois Schumpeter, 1883–1950）にあります。初期の著書『Theorie der wirtschaftlichen Entwicklung』[136]では，イノベーションの概念を「新結合」[137]として説明しています。「新結合」とは，新製品やサービスの創出だけでなく，新たな市場の開拓，新たな生産手段や組織形態の採用，新たな原材料の供給源の確保などを含む広範な概念です。例えば，「スマートフォン」がこれに該当するでしょう。革新的な製品でありながら，電話機，インターネット，カメラ，ゲーム，音楽，地図，そして数々の既存機能の新結合によって生まれた製品だからです。

ゼロからの創造ではなく，既存のサービスやコンテンツを新結合させ，完成度を高めて社会実装し，世界標準にしてしまい，新しいカテゴリーとして確立する手順は，ジョブズの真骨頂といえます。

ところで，この概念が中国語に翻訳されると「創新」となります。しかし，新しいアイデアを生み出すだけで

---

136 Schumpeter, J. A. (1912). *Theorie der wirtschaftlichen Entwicklung.* Duncker & Humblot.（塩野谷祐一・中山伊知郎・東畑誠一（訳）(1977).『経済発展の理論（上）（下）』. 岩波文庫）.

137 新結合（独：neue Kombinationen，英：new combinations）は，シュンペーターが提唱した経済の発展と革新の理論における中心的な概念です。このような起業家が既存の均衡を破壊し，新しい経済的秩序を創出する過程を「創造的破壊（creative destruction）」と呼びました。

なく，それが広く普及し，社会全体に影響を及ぼすことが重要なので，「創新普及」と表現する方が実情に合うのではという意見[138]もあります。

さて，ジョブズは「イノベーションはアイデアとチームが一緒になったときに起こる」と述べたそうです。また，元タイム誌編集長で伝記作家のアイザックソン（Walter Isaacson, 1952-）は「チームワークのスキルこそイノベーションの根幹である」[139]と書いています。

本書の「個を生かすチームづくり」は，シュンペーターの提唱した「新結合」の産卵場づくりに役立つかも知れません。というのも，多様な人々がそれぞれの特性や能力に基づいて，自由な意見やアイデアを発信・交換できるチームを着実につくるための方法論は，まだ十分に知られていないし普及もしていないと思うからです。

（3）自己効力感

社会学習理論（後に社会認知理論）で知られる心理学者バンデューラ（Albert Bandura, 1925-2021）は，観察学習，社会的経験，相互決定論の役割を強調しました。これは，行動主義者（行動が条件付け（刺激－反応関係）

---

138 玉田俊平太（2015）．『日本のイノベーションのジレンマ　破壊的イノベーターになるための7つのステップ』．翔泳社，pp. 50-51.

139 アイザックソン，W.（著），井沢耕二（訳）（2019）．『イノベーターズⅠ　天才，ハッカー，ギーグがおりなすデジタル革命史』．講談社，p. 19.（Isaacson, W. (2014). The innovators: How a group of inventors, hackers, geniuses and geeks created the digital revolution. Simon and Schuster.）

の直接的結果であると見なす立場）と対照的に，個人は経験の受動的な受信者ではなく，自己調節を行い，自身の行動や環境に影響を与えることができるという立場です。

バンデューラは，自己効力感（self-efficacy）という概念を提示しました[140]。自己効力感とは「ある達成をするために必要な行動指針を計画して，実行する能力についての信念（効力信念：efficacy belief）の強さ」のことをいいます。

社会的認知理論では，個人要因と環境要因と行動の相互作用によって人が機能することを想定しており，環境要因が行動に影響する背景に個人要因としての認知的な要素があることを重視します。

そして，自己効力感において，個人要因としての認知的な要素に当たるのが，効力期待（efficacy expectancy）と結果期待（outcome expectancy）です（**図4-7**）。

結果期待は，ある行動がどのような結果を生み出すのかに関わる期待であり，効力期待は，ある結果を生み出すために必要な行動をどの程度うまく行うことができるかと考える期待のことです。

バンデューラは効力期待が重要と考え，これを自己効

140 Bandura, A., Freeman, W. H., & Lightsey, R. (1999). *Self-efficacy: The exercise of control.* New York: W. H. Freeman and Company.

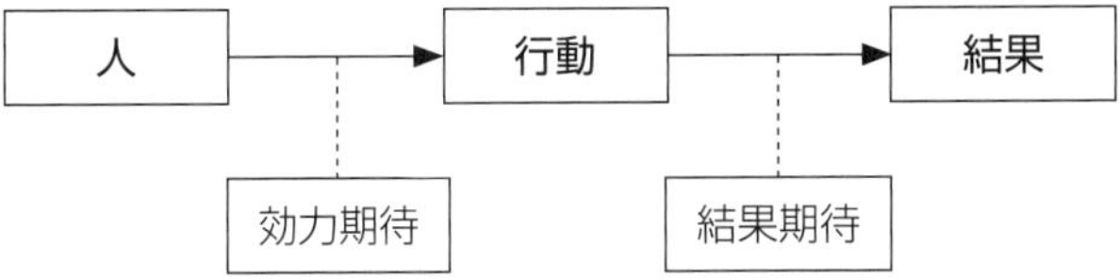

図4-7　効力期待と結果期待（脚注[141]の文献より引用）

力感と呼びました。自己効力感は，ある状況において，ある結果を達成するために必要な行動を自分がうまくできるかどうかの予期になります。

バンデューラは，自己効力感の源泉として四つのこと（達成体験，代理経験，言語的説得，生理的喚起）を提示しました。

「**達成体験**」とは，自分自身が何かを達成したり成功したりした経験のことであり，これが自己効力感の形成に最も役立つとします。

「**代理経験**」とは，自分以外の他人が何かを達成したり成功したりすることを観察することです。「あの人がこうやって成功したのであれば自分も同じようにできるだろう」と学習することなどです。

「**言語的説得**」とは，自分がうまくできると他者から説得されることです。例えば，「お前ならやれる」と励まされることです。

141　石毛みどり（2009）.「自己効力感」無藤隆・森敏昭・池上知子・福丸由佳（編）『よくわかる心理学』. ミネルヴァ書房，p. 238.

「**生理的喚起**」とは，気分の高揚です。

なお，自己効力感には二つの水準があるとします。

一つ目は，具体的な個々の課題や状況に依存し，特異的に行動へ影響を及ぼす自己効力感です。

二つ目は，具体的な個々の課題や状況に依存せずに，より長期的に，より一般化した日常場面における行動に影響する自己効力感です。後者を「特性的自己効力感」と呼びます。

チームの効果性で述べた「I-P-O モデル」の「その他の結果」には，チーム活動の内容次第では，特性的自己効力感や自己肯定感が入ってよいと考えます[142]。

ところで，自らの行動や力では期待する結果が得られないという経験を繰り返すとどうなるでしょうか。行動と結果が連動しないという認知を学習してしまうことで，無力感が学習されることが明らかになっています。これを学習性無力感といいます。

この負の効果である学習性無力感（learned helplessness）

142 自己効力感と自己肯定感は両方とも個人の自己認識を表していますが，それぞれ異なる側面を指します。自己効力感は，個人が特定の課題を達成できると感じる信頼感を指し，高い自己効力感を持つ人は一般的に挑戦に向き合い，困難を克服する意欲があります。一方，自己肯定感は，自己価値や自尊心を反映しており，自己肯定感が高い人は自分自身を肯定的に認識します。これら二つは相互に影響し合い，高い自己効力感は自己肯定感を高め，自己肯定感が高いと自己効力感も上昇します。

は，受けた嫌悪刺激の量に規定されるものではなく，統制不能な状況を経験することにより，自己の行動と強化は独立しているという非随伴性の認知が成立したために起こると考えられています[143]。

やはり，小さくても成功することが大事なわけです。そのためには，早くたくさん失敗すること，そこから早く気づくこと，その学びを生かして成功体験を増やすことが早道になると思います。

有名なバスケットボール選手マイケル・ジョーダンは「私は9,000回以上シュートを外し，300試合に敗れた。決勝シュートを任されて26回も外した。人生で何度も何度も失敗してきた。だから私は成功した」と言ったそうです。

（4）首尾一貫感覚

イスラエル系米国人で社会科学者アントノフスキー（Aaron Antonovsky, 1923–1994）は，「首尾一貫感覚（Sense of Coherence；SOC）」という概念を提示しました。

その定義は「その人に浸みわたったダイナミックではあるが持続する確信の感覚によって表現される世界（生活世界）規模の志向性のことである」になります。ちょっと分かりづらい定義です。

143　鎌原雅彦・亀谷秀樹・樋口一辰（1983）．「人間の学習性無力感（Learned Helplessness）に関する研究」『教育心理学研究』，31（1），80–95.

簡潔に言い直すと「自分の生きている世界（生活世界）は首尾一貫している（coherent）。つまり，筋道が通っている。腑に落ちるという感覚」のことになります[144]。

この感覚がなぜ重要なのかというと，ストレス対処（注　ストレス対処能力ではない）に関係するからです。

まず，アントノフスキーの唱えた「健康生成論（Salutogenesis）」では，健康状態は，健康（health ease）と健康破綻（health dis-ease）を両極とする連続体上に位置し，健康要因（salutary factor）の作用によって状態が健康の極に向かい変化すると考えます。つまり，健康か健康破綻かの二者択一ではなく，虹色のようなスペクトラムで健康な状態を位置づけるのです。したがって，健康要因が何かを知り，健康状態を健康（health ease）の方へプッシュすればよいわけです。

アントノフスキーがこのような考え方を着想した契機は，とても考えさせられる興味深いものです。それは1970年代初頭に行ったイスラエルの更年期女性を対象とする心身の健康調査でした。

アントノフスキーにとって予想外だったのは，ナチスの収容所を経験した群（生還群）で「心身の健康が良好な者」が３割もいたことです（**表4-2**）。そして，極限

---

144 Antonovsky, A. (1987). *Unraveling the mystery of health: How people manage stress and stay well.* Jossey-Bass Publisher.（山崎喜比古・吉井清子（訳）(2001).『健康の謎を解く――ストレス対処と健康保持のメカニズム――』. 有信堂高文社.）

表4-2　強制収容所経験群と非経験群の比較

（脚注[145]の文献より引用）

項目	更年期における心身の健康		
	良好	不良	計
強制収容所からの生還群	30%	70%	100%
そういう経験のない群	50%	50%	100%

的なストレッサー（心身の適応能力に課せられる負荷）と極限的なストレス（有害な刺激や環境に対する適応過程に伴う生理的現象）への対処力が高い人々に共通する心理的社会的特性が一体何なのかという問題意識をもったのでした。

アントノフスキーは，健康に生きることを支えているものを汎抵抗資源（Generalized Resistance Resources；GRRs）と呼びます。

汎抵抗資源とは「身体的，生化学的，物質的，心理的，認知・感情的，評価・態度的，関係的，社会文化的な，個人や集団における特徴のことで，あまねく存在するストレッサーの回避あるいは処理に有用であるもの」とされ，いわば人生経験は捉え方次第ですべて自分の抵抗資源になります。さて，アントノフスキーは，首尾一貫感

145　山崎喜比古（2009）．「ストレス対処力SOC（sense of coherence）の概念と定義（看護にSOCをどう活用するのか）」『看護研究』，42（7），479-490.

覚の下位概念として三つの構成概念を仮定しました。すなわち，

把握可能感（sense of comprehensibility）

自分の内外に生じる環境刺激は秩序づけられており，予測と説明が可能であるという確信の感覚です。

処理可能感（sense of manageability）

その刺激がもたらす要求に対応するための資源はいつでも得られるという確信の感覚です。

有意味感（meaningfulness）

そうした要求は挑戦であり心身を投入し，関わるに値するという確信の感覚です。

ちなみに，自己効力感と首尾一貫感覚との違いは，自己効力感が自分に対する信頼に焦点を当てるのに対し，首尾一貫感覚は自分に関わる人や環境にも焦点を当てその中で自分は生きているという確信を重視することにあります。筆者なりの捉え方にはなりますが，首尾一貫感覚は，他力本願でもうまく乗り越えられるようになれとアドバイスしてくれているように感じます。だからこそ，頼れる他人や利用できる環境の存在が重要になるといえます。

社会で生きていくためには，自立と依存のバランスが大事です。この処世訓を，首尾一貫感覚は，諭しているように思えるのです。

チームの「その他の成果」で，チームメンバーの心理的健康やレジリエンスを重視する場合は，首尾一貫感覚の「把握可能感」「処理可能感」「有意味感」を評価指標として利用することが有用と考えます。

（5）ウェルビーイング

ハーバード大学には，1940年代に開始され，約80年間続いている調査「グラント・スタディ（Grant Study）」[146]があります。この縦断研究（longitudinal study）[147]は，健康で成功した人生を送るための要因を探ることを目的として，心身ともに健康なハーバード大学卒業生と，恵まれない環境で育った若者を，毎年あらゆる側面から調査し続けたものです。この調査により，物質的な豊かさや成功が人生の幸福を決定するわけではなく，人間関係の質が最も重要な要素であることが明らかになりました。

---

146 Study of Adult Development（成人発達研究）は，グラント財団による助成金で開始されました。参考文献：Harvard Medical School(n.d.). Welcome to the Harvard Study of Adult Development. Retrieved September 13, 2023, from https://www.adultdevelopmentstudy.org/grantandglueckstudy

147 縦断研究とは，特定の個人やグループに対して時間をかけて何度も繰り返し観察・評価する研究手法を指します。対置的手法は，ある特定の時点での調査対象の状態や性質を調査する研究手法で，「横断研究（cross-sectional study）」といいます。

さて，人の幸福を考えるうえで「ウェルビーイング（Well-Being）」という概念について考えてみましょう。

WHOの憲章（1947年採択）の前文では，健康は次のように定義されています。そして，これがウェルビーイングという言葉の初出といわれています。直訳しますと「健康とは，身体的，精神的，社会的に完全に良好な状態であり，単に病気や虚弱がない状態を指すのではない。（Health is a state of complete physical, mental and social well-being and not merely the absence of disease or infirmity.）」になります。

現在では，ウェルビーイングという言葉自体が独立して，複雑で多面的な概念として使われています。そのためウェルビーイングの定義は統一されていません。本書では，根源的かつ包括的であるとともに指標による相対比較になじむ定義として「ウェルビーイングとは，よい生のあり方である」に倣うことにします[148]。

どのような表現で定義しても，ウェルビーイングは，物理面・感情面・精神面・社会面・経済面・精神性や宗教的信仰の面から総体的に捉えることが必要でしょう。

このようにウェルビーイングは，個々人の主観的な感覚や状態だけでなく，教育や健康，人間関係など生活の全範囲を総合的にみていく概念であるため，その概念を

---

148 鈴木貴之（2022）.「特集:ウェルビーイングの哲学」『国際哲学研究』，11，59-61.

政策に取り入れることや，指標を開発して客観的に理解しやすくすることも進められています[149]。例えば，研究や技術開発の目的にウェルビーイングの実現を入れること[150]や，地域の幸福感を測定するための指標にウェルビーイングの観点を入れること[151]が行われています。

また，ウェルビーイングをチームの成果の中に位置づけることが，組織心理学や経営学の研究で支持されています[152]。

筆者は，チーム活動の成果として，メンバーのウェルビーイングの向上までも考えておくことは賛成です。し

---

149 GDPだけでは計れない経済・社会の進歩を捉える試みは以前から行われており，2008年の世界金融危機後に加速しました。一部の国ではウェルビーイング指標を予算策定や政策運営に活用しています。日本では，内閣府が幸福度指標試案を発表し，2019年から生活の質と満足度に関するダッシュボードの運用を始めました。参考文献：松下美帆（2023）．ウェルビーイング指標の政策活用：海外事例と日本への示唆。一橋大学経済研究所世代間問題研究機構，DP699.

150 内閣府総合科学技術・イノベーション会議 教育・人材育成ワーキンググループ（2021年12月24日）．「Society5.0の実現に向けた教育・人材育成に関する政策パッケージ〈中間まとめ〉」．内閣府．https://www8.cao.go.jp/cstp/siryo/haihui058/siryo4.pdf

151 スマートシティ構築において，市民の幸福感や暮らしやすさを測る指標として「Liveable Well-Being City 指標（LWC 指標）」が開発・公開されています。参考文献：デジタル庁（2022年7月1日）．Liveable Well-Being City 指標（LWC 指標）のご紹介と活用について」．https://www.sci-japan.or.jp/LWCI/index.html

152 Harter, J. K., Schmidt, F. L., & Keyes, C. L. M. (2003). Well-being in the workplace and its relationship to business outcomes: A review of the Gallup studies. In C. L. M. Keyes & J. Haidt (Eds.), Flourishing: Positive psychology and the life well-lived (pp. 205-224). American Psychological Association.

かしながら，チーム活動を通じた個人内変化をみようとする場合，その射程範囲は，チーム活動の内容によって変わってくると思います。そのため，ウェルビーイングのアンケート[153]だけでなく，自己効力感のアンケート[154]，首尾一貫感覚のアンケート[155]を使い分けるので良いと思います。また，この三者（ウェルビーイング，自己効力感，首尾一貫感覚）の関係を明らかにしようとする研究もされています[156]。

4　協働のプラス面を理解する

（1）共有メンタルモデルと暗黙の協調

第2次世界大戦終戦後の1947年12月，ベル研究所の3人の科学者，バーディーン（John Bardeen），ブラッテン

---

153 WHOが開発したWorld Health Organization-Five Well-being Index（WHO-5）は，5項目から成る質問（6件法）です。参考文献：岩佐一・稲垣宏樹・吉田祐子・増井幸恵・鈴木隆雄・吉田英世・粟田主一（2014）「地域在住高齢者における日本語版「WHO-5 精神的健康状態表」（WHO-5-J）の標準化」『老年社会科学』，36（3），330-339.

154 一般性セルフ・エフィカシー（自己効力感）尺度「General Self-Efficacy Scale：GSES」は，16項目から成る質問（2件法）です。参考文献：坂野雄二・東條光彦（1986）．「一般性セルフ・エフィカシー尺度作成の試み」『行動療法研究』，12（1），73-82。

155「SOC-13」は，13項目から成る質問（7件法）です。
参考文献：戸ヶ里泰典，山崎喜比古，中山和弘，横山由香里，米倉佑貴，& 竹内朋子（2015）．「13項目7件法 sense of coherence スケール日本語版の基準値の算出」『日本公衆衛生雑誌』，62（5），232-237。

156 一例になります。参考文献：Wiesmann, U., & Hannich, H. J. (2008). A salutogenic view on subjective well-being in active elderly persons. *Aging and Mental Health*, 12(1), 56-65.

(Walter H. Brattain)，ショックレー (William Shockley) は，それまでの電子技術を一変させる「点接触型トランジスタ」を完成させました。真空管に比べて小さく，発熱が少なく，速く，安定性が高い，そして低コストという圧倒的な利点を持つこの新技術は，彼らに1956年のノーベル物理学賞をもたらしました。

三人がこの成果を生み出したのは，個々の優秀さに加えて，長時間をともに過ごし，アイデアを交換し，互いの視点を理解することで，結果的に共有メンタルモデルを形成し，それが研究の方向性を導いたことも大きい要因と考えます。つまり，それぞれの専門知識と視点が結集され，一つの強固なメンタルモデルとなり，まったく新しい技術革新へと結実したのです。

さて，メンタルモデルの提唱者である英国の心理学者ジョンソン=レアード (Philip Johnson-Laird)[157] は，メンタルモデルを「世界についての表象」[158] と定義しています。表象とは，心の中に表現された情報やその表現形式のことで，知覚した事象に対する心理的な実体感に基

---

157 "Johnson-Laird" は一つの姓です。一部の文化，特に英語圏の文化では，二つの姓をハイフンで結ぶことがあります。これは通常，両親の姓を保持するため，または結婚後に配偶者の姓を自分の姓に追加するために行われます。

158 ジョンソン=レアード，P. N. (著)，AIUEO (訳)，海保博之 (監修) (1988).『メンタルモデル　言語・推論・意識の認知科学』. 産業図書，p. 1. (Laird, P. N. (1983). *Mental Models. Towards a Cognitive Science of Language, Inference, and Consciousness.* Cambridge UK: Cambridge University Press.)

づいて人がつくり上げる心的表象のことです。

ところで，集団に共有されているメンタルモデルのことを共有メンタルモデル（shared mental model）といいます。共有メンタルモデルとは「チームメンバーが共有している体系化された理解や知識とその心的表象である」[159]と定義されます。なお，チームに関する文脈では，共有メンタルモデルは，チーム・メンタルモデル（team mental model）とも呼ばれます。

チーム・メンタルモデルがある状態では，チーム内のコミュニケーションが阿吽の呼吸でできるでしょう。このような明示的なコミュニケーションがなくても円滑な連携がとれる状態を，implicit coordination（暗黙の協調）[160]といいます。これが，ベル研究所の科学者たちが成功に至った成功要因の一つであったと考えられます。

この３人の人間関係については逸話が残されています。それも踏まえると，チームワークにおいて，メンバー間の発話量は必ずしも多い方がよいとは限らないことが理解できます。チーム・メンタルモデルが形成され，チームメンバー全員が目標とする方向性を共有している

---

159 秋保亮太・縄田健悟・中里陽子・菊地梓・長池和代・山口裕幸（2016）．「メンタルモデルを共有しているチームは対話せずとも成果を挙げる：共有メンタルモデルとチーム・ダイアログがチーム・パフォーマンスへ及ぼす効果」『実験社会心理学研究』，55（2），101-109.

160 Rico, R., Sánchez-Manzanares, M., Gil, F., & Gibson, C. (2008). Team implicit coordination processes: A team knowledge–based approach. *Academy of management review*, 33 (1), 163-184.

場合，必要以上のコミュニケーションは不要でしょう。適時適切な会話や対話があれば，チームの協働関係は順調であると考えられます。

この事例から学べることは，共有メンタルモデルの構築がチームの成功に不可欠であるということです。個々のメンバーが独自の視点や専門知識を持っていても，それが共有され，チーム全体の知識として結集されることで初めて，目標に向けた有効な行動が促進されるというわけです。

（２）経済発展の３Ｔ

米国の都市研究者フロリダ（Richard Florida）は，クリエイティブ・クラス（creative class：自己表現や創造性によって価値を生み出す職業の人々から成る新たな社会階級）という概念を提唱しました。

フロリダの主張によれば，新しい経済エポック（経済活動や産業構造の大きなパラダイムシフトの時期）で成功する都市や地域は，「３T」という次の三つの要素を兼ね備えているとされます[161]。

Technology（技術）

ハイテク産業やイノベーションを生み出す能力を持つ

161　フロリダ，R.（著），井口典夫（訳）(2014).『新クリエイティブ資本論　才能が経済と都市の主役となる』. ダイヤモンド社，pp. 245-253.（Florida, R. (2014). *The rise of the creative class--revisited: Revised and expanded.* Basic Books.）

地域であること。

Talent（才能）

教育を受けた人々やスキルを持つ人々が集まる地域であること。

Tolerance（寛容）

多様性を受け入れ，新しいアイデアや異なる背景を持つ人々を歓迎する開放的な社会環境があること。

フロリダは，これら三つの要素が互いに結びついて，経済成長を牽引するクリエイティブ・クラスが集まり，活動する環境を形成すると説明します。例えば，シリコンバレーやニューヨークはこれらの特性を持つ地域としてしばしばあげられます。

しかし，この主張に対する批判も存在します。例えば，クリエイティブ・クラスの定義が広すぎて検証性が乏しい，また，3Tと都市や地域の成功との間の直接的な因果関係が証明されていないといったことです。

そこで，筆者なりに次のようなロジックを提案したいと思います。

まず，ある地域が，歴史的・地理的な事情もあって，異質なものに対する開放性や寛容性を文化風土として醸成しているとします。その地域は，異質な者が集まりやすい場所となり，さらに外に向かって開かれた文化が育ち根付くことでしょう。

次に，その地域に先端的なテクノロジーを研究できる大学があり，また，ベンチャー企業を支援・育成するエコシステムが存在すると，高い専門性やスキルを持つ人々，すなわちクリエイティブ・クラスの人々が引き寄せられます。これにより，クリエイティブ・クラスが活動しやすい社会構造が自然に形成されていくことになります。

最後に，富と社会資本が蓄積し，その地域に住むことで豊かで自由なライフスタイルが享受できるようになります。これにより価値創造に適した条件を持つ模倣困難性の高い特性をもったメガリージョン（mega-region）[162]ができあがっていきます。

このロジックは，後付け講釈といわれるかもしれません。しかし，重要なのは，知的な多様性（いわば深層的多様性）や寛容性に基づく認容（いわば心理的安全性）が，経済発展における不可欠な要素となっていることを，具体的に指摘していることだと思います。

---

162 メガリージョン（mega-region）という概念は，米国の都市研究者であるリチャード・フロリダによって提唱されました。メガリージョン理論は，複数の大都市が地理的，経済的，文化的に連携し，一つの広大な経済領域を形成する概念を指します。この地域は，異なる地域や町が交通，経済，文化などで密接につながり，共通の文化風土，教育・研究機関，起業エコシステムが存在します。そして，これらの要素が相互作用し「クリエイティブ・クラス」を引き寄せることで，経済的成功と豊かなライフスタイルを生み出すのです。参考文献：Florida, R., Gulden, T., & Mellander, C. (2008). The rise of the mega-region. Cambridge journal of regions, economy and society, 1(3), 459-476.

（3）多様性と成果の関係

Appleは，2007年，携帯電話の常識を覆す「iPhone」を発表し，その後の人々の生活スタイルさえも劇的に変えました。そして，その成功の裏には，デザイナー，エンジニア，マーケティング担当者はもちろん，アーティストや社会学者といった様々な人やチームの協力があったのです。関わる人に多様性があることが，革新的な製品の誕生につながった好事例といえるでしょう。

さて，多様性と成果の関係は，はっきりしているのでしょうか。これまでに学術的研究は数多く行われてきており，チームの多様性はパフォーマンスに様々な影響を及ぼすことが分かっています。ただ，過去50年の研究をみると，研究によっては正反対の結果もあり一貫性に乏しいのが現状です。そのため，楽観的な見解（optimistic views）と悲観的な見解（pessimistic views）があります[163]。

前者は，「異なるバックグラウンドや経験を持つ人々の協力によって，新しいアイデアや解決策が生まれ，組織のパフォーマンスが向上する」と主張します。

一方，後者は「多様性によってコミュニケーションの障壁や対立が生じ，チームの一体感や結束が損なわれ，それが組織のパフォーマンスの低下を招く」と主張します。

---

163 Mannix, E., & Neale, M. A. (2005). What differences make a difference? The promise and reality of diverse teams in organizations. *Psychological science in the public interest*, 6(2), 31-55.

どちらの主張に妥当性があるかは一概にはいえません。なぜなら，どのような「差異」が重要であるかの条件を明確にしたうえで，統制された条件下での実験や実際のコホート[164]の観察を通じて，ケースごとの定性的あるいは量的な特徴をみていく必要があるからです。

以下では，学術論文ではないものの，よく引用される検証結果を参考として紹介します。心理学者フレミング（Lee Fleming）がハーバード・ビジネス・レビュー[165]に投稿した記事[166]です。

概要を簡潔にまとめると，17,000件以上の特許を対象として，その出願チームにおけるメンバーの学問分野の多様性とイノベーションの経済的価値を散布図にしたところ，負の相関関係が認められたということです（**図4-8**）。

図中の縦軸は「value of innovation」（イノベーションの価値）となっており，横軸は「alignment of team members' disciplines」（チームメンバーの学問分野の整合性）となっています。したがって，横軸の見方は，highが多様性が小，lowが多様性が大ということになります。

---

164 「コホート（cohort）」は，元々ラテン語由来の言葉で，同じ属性を持つ集団を意味します。特に疫学や統計学においては，特定の期間中に特定の共通の経験を持つ人々の集団を指します。

165 ハーバード・ビジネス・レビュー（Harvard Business Review; HBR）は，厳密な査読プロセスを経る一部の記事と，一般のビジネスパーソン向けに書かれた記事の両方を含むビジネス雑誌（＝学術誌ではない）です。

166 Fleming, L. (2004). Perfecting cross-pollination: how you craft cross-functional teams depends on your appetite for risk and your hunger for a breakthrough, Harvard Business Review, 82 (9), 22-24.

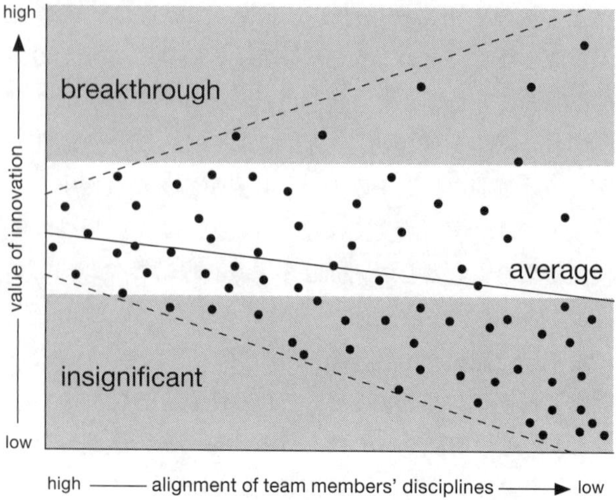

図4-8　Going for Breakthrough（脚注[166]の文献より引用）

つまり，多様性が大きくなるほど，価値の上振れよりも価値の下振れが増えたのです。学問分野の違う者が集まると成果は出にくくなったけれど，たまにうまくいくチームもあって，そのときは突出した成果を出したということです。もちろん，この検証結果だけをもって一般化することはできませんが，われわれの日常感覚に，なんとなく合っているのではないでしょうか。なお，工学分野の先行研究には，類似距離（analogical distance）が長くなるにつれて，コンセプトの新規性が高くなる（＝考えている対象と遠い分野の事例からの方が，独創的な発想が出やすくなる）という結果を示すものもあります[167]。

まだ確定的には言えませんが，イノベーションの確率をあげるための基本的な方向としては「深層的多様性（学問分野や認知スタイル）を大きくすること」と「メンバー間の協調の質を高めていくこと」を両立させることが鍵になると思われます。しかし「深層的多様性」は操作できても「協調の質」は自由に操作できないという現実に向き合うことが必要です。そうでなければ「多様な個人がどのように集まって効果的なチームを形成できるかを理解せずに，労働力の多様性を高める政策や慣行を実施することは無責任である」[168]という誹りを受けても仕方ありません。そのため，筆者は「タイプ活用教育型の協調設計をするアプローチ」のもとで「ローエンド志向のアプローチ」をとることを提案し，両立をはかりたいのです。

5　協働のマイナス面を理解する

（1）コンフリクト

コンフリクト（conflict）は，衝突，矛盾，対立，軋轢，葛藤などと訳されます。学問分野によって定義は異なり

---

167 Srinivasan, V., Song, B., Luo, J., Subburaj, K., Elara, M. R., Blessing, L., & Wood, K. (2018). Does analogical distance affect performance of ideation ?. *Journal of Mechanical Design*, 140(7), 071101.

168 Mannix, E., & Neale, M. A. (2005). Introduction: The Promise and Reality of Diverse Teams. In *What differences make a difference? The promise and reality of diverse teams in organizations.* Psychological science in the public interest, 6(2), 31-55.

ますが，心理学ではコンフリクトを「個体（個人）の内部に生じる動機付けの相互間の葛藤」と定義します[169]。

さて，組織行動論においては，コンフリクトを，主に次の三つのカテゴリーに分類しています[170]。

タスク・コンフリクト（Task conflict）

認知的コンフリクト（cognitive conflict），またはC-type conflictとも呼ばれます。個々の認知の仕方の違いによる意見の不一致を指し，これはアイデアやメリット／デメリットについての意見の不一致を含みます。このタイプのコンフリクトは，問題の再考や統合的な結論への道筋を提供し，創造性を刺激する可能性があります。

リレーションシップ・コンフリクト（Relationship conflict）

感情的なコンフリクト（affective conflict）あるいはA-type conflictとも呼ばれます。個人間や社会的な関係に基づく意見の不一致を指し，感情的な葛藤，怒り，個人的な摩擦，人格の衝突，自己の緊張に根ざした対立を含みます。このタイプのコンフリクトは，他の種類の葛藤よりも疲労感を引き起こすとされています。

---

169 鹿取廣人（1996）．「動機づけ・情動」鹿取廣人・杉本敏夫・鳥居修晃（編）『心理学』．東京大学出版会，pp. 230–231.

170 Thompson, L. L.(2015). *Making the team: A guide for managers.* Pearson, pp. 212-215.

プロセス・コンフリクト（Process conflict）

仕事の役割，責任，資源の配分についての不一致を示します。目標の達成方法，課題へのアプローチ，誰が何をすべきかについての意見の相違がこれに該当します。

コンフリクトの解決については，完全な解決は難しいという認識のもと，Conflict Resolution よりも Conflict Management の重要性が強調されてきました[171]。そして，Conflict Management には，次の五つの解決方略を示すマネジメント・グリッド（**図4-9**）があります[172]。

協働（collaboration）つまり win-win（互いに満足）
和解（accommodation）つまり capitulation（降参），
避ける（avoidance）つまり stalemate（手詰まり），
競争（competition）つまり intimidation（脅迫），
妥協（compromise）

最も望ましい解決方略は，当然，協働（collaboration）になります。

ところで，医療現場のコンフリクト・マネジメントに

171 和田仁孝（2012）．「コンフリクト・マネジメント研究と医療」『医療コンフリクト・マネジメント』，1，1-12.
172 Thomas, K. W. (1992). Conflict and conflict management: reflections and update. *Journal of Organizational Behavior*, 13, 265–274.

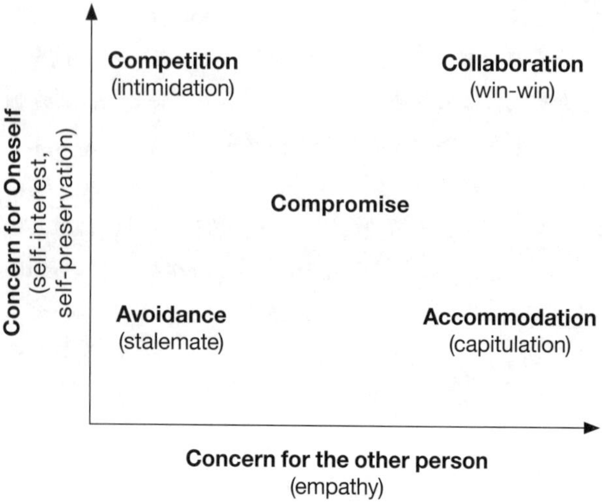

図4-9　Managerial Grid（脚注[173]の文献より引用）

おいては，ハーバード・ロースクールの交渉研究プログラムで開発されたIPI分析（Issue：争点・論点，Position：表出されている要求や主張，Interest：関心・利害）を取り入れた医療メディエーションが提唱されています[174]。

医療メディエーションは，調停の三つの類型（評価型調停，妥協要請型調停，対話促進型調停）の中で，対話促進型調停の手法を用いています。このアプローチは社会構成主義[175]の立場をとり，認知的フレームへの揺さぶり（reframing）を通じて当事者の認知変容を促し，新たな関係性の構築を図るものです。

ポイントとしては，強く表出されるPositionは必ずしも真の思いではないということです。怒りは二次的な感情であり，話を深く聞き，その背後にあるInterestに対応することで新たな解決策を見つけることが可能です。Positionへの直接的な反応ではなく，感情を受け入れ，質問を通じて話を開くことが必要です。これにより，新たな情報が得られ，真の要求やニーズに気づくことができます。

これを示すための寓話（一つのオレンジを巡る姉妹の争い）[176]は，IPI分析の理解に役立ちます。

あるとき，二人の姉妹が最後の一つのオレンジを巡って争っていました。姉が「私が先に見つけたから私のもの！」，妹は「でも私が食べたいの！」と主張します。それぞれの立場（Position）は非常に強固で，妥協の余

---

173 Thompson, L. L.(2015). *Making the team: A guide for managers.* Pearson, p. 223.

174 和田仁孝・中西淑美(2006).『医療コンフリクト・マネジメント：メディエーションの理論と技法』．シーニュ.

175 社会構成主義（Social Constructivism）は，私たちが世界を理解する方法が個々人の思考や会話によって形成されるとする理論です。これは，物事が「本質的に」どうであるかというより，私たちがどのようにそれを解釈し，どのようにそれについて話すかによって，物事の意味や価値がつくられるという考え方です。つまり，知識や真実は社会的・文化的な背景によって形成されるという視点です。

176 Fisher, R., Ury, W., & Patton, B. (1982). Getting to yes: Negotiating Agreement Without Giving In. Houghton Mifflin.（金井宣夫・浅井和子（訳）(1990).『ハーバード流交渉術』（知的生き方文庫）．三笠書房.）

地がないように見えました。それを見た母親が，両者の間に入り，それぞれの真の願い（Interest）を探ることにしました。母親が姉に「なぜあなたはそのオレンジが必要なの？」と尋ねると，姉は「オレンジの皮が欲しいわ。クッキーをつくるために必要なんだもん」と答えました。次に妹に同じ質問をすると,「オレンジが食べたーい！」と答えました。母親はすぐに解決策を見つけました。姉にはオレンジの皮を，妹には果肉を分けることで，二人ともが満足する結果を導き出しました[177]。

この話は，コンフリクトの場で直接的な要求（Position）に焦点を当てるのではなく，それぞれの背後にある欲求（Interest）を理解することで，新たな解決策を見つけることができるという重要な教訓を示しています。怒りや恐怖などの感情が強く表出されるとき，その背後にある本当の欲求に気づき，それに対応することで新たな解決策を見つけることが重要です。

コンフリクトを効果的にマネジメントするためには，異なる視点や意見を認め，それらを統合する方法を見つける能力が求められます。これにより，コンフリクトは組織や個人の成長にとっての重要なチャンスとなり，より効果的な問題解決や新たな視点の発見を促進します。

---

177 原著の邦訳における記載（脚注176の邦訳：p.103, p.129）は，簡潔な筋のみになっています。ここでは脚色して物語風に書き直しました。

この考え方は，教育プログラムのタイプ活用教育の方針と同じです。

（2）共有情報バイアス

共有情報バイアス（shared information bias）とは「たとえ成員がそれぞれ異なった固有の情報を所持していたとしても，それについては議論されず，共通してもっている限られた情報のみが顕在化し，それについてのみ議論され，全体の情報が十分生かされない」[178]ことをいいます。認知バイアス（cognitive bias）[179]の一つです。

共有情報バイアスは，「隠されたプロフィール（hidden profile）」[180]とも呼ばれます。下の例で考えてみましょう（**図4-10**）。

3人のスタッフ（A, B, C）が，人選の議論をしています。候補者は3人（Alva, Jane, Bill）です。それぞれのスタッフが持っている情報は同じものもあれば違うものもあります。その状況は図中の各スタッフの吹き出しに書かれているとおりです。

---

178 釘原直樹（2011）．『グループ・ダイナミックス：集団と群集の心理学』．有斐閣，pp. 61-63.

179 認知バイアスは，認知過程における系統的な偏りや歪みのことを指します。

180 「hidden profile」は直訳すると「隠されたプロフィール」となります。しかし文献によっては「隠れたプロフィール」と訳されているときがあります。どちらの表現も間違ってはいません。

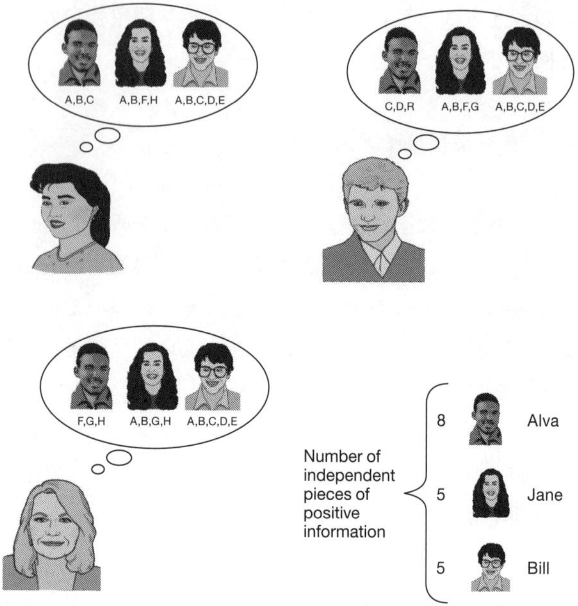

図4-10　Hidden Profiles（脚注[181]の文献より引用）

この状況では当然，各スタッフが持っている情報を共有し，候補者に関するすべての情報を判断の材料とすることが期待されます。

しかし，「共有情報バイアス」が起きた場合，全員が知ることになった情報だけに基づいて意思決定が行われてしまいます。つまり，良い情報が最も多いAlvaが選ばれない可能性が生じるのです。

組織やチームが重要な意思決定を行う際には，全員が保有する情報を適切に共有し，それぞれの情報をバランス良く評価することが重要です。しかし「しばしば集団による意思決定は，メンバー全員の情報を精査した結果に至らず，むしろ各メンバーの討議以前の決定傾向（つまり個別の決定）に導かれることがあります。」[182]

このような現象を，タイプ論から考えてみると，内向タイプの発言がないときは，内向タイプが内界でよく吟味したアイデアが表出されていないと考えることもできます。

私たちは共有情報バイアスが存在すること，それが誰にも起こり得ることを，折に触れて意識していくことが必要です。

（3）ブレインストーミングとプロダクションブロッキング

ある新興ITスタートアップで新製品の開発チームが設立されました。創造力あふれる若きエンジニアたちは，画期的な新製品のアイデアを生み出すために，ブレインストーミング，正確にはグループブレインストーミ

---

181 Thompson, L. L. (2015). *Making the team: A guide for managers.* Pearson, p. 157.
182 本間道子（2011）.『集団行動の心理学　ダイナミックな社会関係のなかで』. サイエンス社，p. 182.

ングを頻繁に行っていました。しかし，期待したほど画期的なアイデアは生まれませんでした。その原因の一つが「プロダクションブロッキング」でした。

プロダクションブロッキングとは，特にグループブレインストーミング（group brainstorming）[183]の場面において，他者の発言中に発言できないことが，発言できない人のアイデア創出をブロックしてしまうことをいいます[184]。

ブレインストーミングとは，その名のように頭の中を嵐のようにする拡散思考法[185]であり，米国の大手広告代理店の共同設立者であったオズボーン（Alex Osborn）が考案しました[186]。この方法は一般的な思考の枠を超えて，独創的かつ革新的な解決策を導くことを目指します。そのため，一時的に評価や判断を遅らせ，様々な視点や思考からアイデアを自由に拡散させることを優先す

---

183 ブレインストーミングは一般的な用語で，個人でもグループでも行うことができます。グループブレインストーミングは複数の人々が一緒に行うことを指します。

184 Thompson, L. L. (2015). *Making the team: A guide for managers.* Pearson, pp. 243-244.

185 拡散思考（Divergent Thinking）とは，一つのテーマから多様なアイデアを生成するための思考法で，創造性や革新的な解決策を生み出すことが目指されます。一方，収束思考（Convergent Thinking）とは，多くの情報やアイデアから最適な解答や解決策を選び出すための思考法で，分析力や評価力を必要とします。拡散思考は可能性を広げ，収束思考はそれを絞り込む役割を果たします。

186 Osborn, A. F. (1957). *Applied imagination*. New York: Scribner.

るのです[187]。

オズボーンは，ブレインストーミングは個人的なアイデア生成よりも優れた結果をもたらすと主張しました。しかし，心理学者が行った実証的検証では，アイデア創出の方法としては生産的ではないことが分かりました。その主な原因は，アイデアが浮かんでも，誰かが発言している間，相手の話を理解する，自分のアイデアを考える，自分の発言機会をねらいながら待つ，という認知的負荷のかかる複数の思考作業を並行的に行わなければならないため，プロダクションブロッキングが発生しているからです。認知的負荷が大きいため，アイデア創出に必要な認知資源や時間が過剰に消費されて知的生産性が低下してしまうのです。

では，プロダクションブロッキングを防ぐためには，どうすればよいでしょうか。そのための手法としては，ブレインライティング[188]や，ブレインストーミングとブレインライティングを組み合わせたノミナルグルー

---

187 ブレインストーミングのルールは，批判厳禁，便乗発展，質より量を求む，自由奔放，この四つです。日《ひ》々《び》始《し》終《じゅう》と覚えてもよいでしょう。ただし，批判厳禁は，「拡散思考をするときは批判を後回しにする」という意味であり，批判すること自体を否定しているのではないことに注意してください。

188 ブレインライティング（Brainwriting）は，ブレインストーミングの一種であり，グループでアイデアを生成するための手法です。ただし口頭での発言ではなく，書面によってアイデアを表現します。そのため，プロダクションブロッキング（他人の発言を待つ間に自分のアイデアが阻害される現象）を避けることができます。

プ・ブレインストーミング[189]などが考案されています。

その一方で，ブレインストーミングの効果は，別の点で非常に重要なことが分かっています。米国の経営学者サットン（Robert Sutton）は，ブレインストーミングが集団内の「トランザクティブ・メモリー（Transactive Memory）」を増やす効果があることを指摘しています[190]。トランザクティブ・メモリーとは，米国の社会心理学者ウェグナー（Daniel Wegner）が提唱した概念で，集団のメンバーが「誰が何を知っているか（who knows what）」ということを知っているという記憶のことを指します[191]。ウェグナーの言葉を借りれば，「組織にとって重要なのは，全員が同じことを知っていることではなく，組織の全員が『誰が何を知っているか』を知っていること」なのです。他のメンバーがどのような専門知識を持っているかを認識できれば，知識の共有や相乗効果を生むことが容易になるからです。さらに，ブレインストーミングは，共有メンタルモデルの形成にも有効とさ

189 ノミナルグループ・ブレインストーミング（Nominal Group Brainstorming）は，ブレインストーミングとブレインライティングの要素を組み合わせたような形で，全員の声を聞くことと，グループの合意を形成することをします。

190 Sutton, R. I., & Hargadon, A. (1996). Brainstorming groups in context: Effectiveness in a product design firm. *Administrative science quarterly*, 685-718.

191 Wegner, D. M. (1987). *Transactive memory: A contemporary analysis of the group mind.* In Theories of group behavior (pp. 185-208). Springer, New York, NY.

れています[192]。これは，メンバー全員が活発に意見を言うこと自体に意義があるということです。

ブレインストーミングは，本来の目的であったアイデア創出という観点からみると，プロダクションブロッキングという弱点が存在します。しかし，集団の学習能力を高め，新たな規範を形成するという観点からは有用な方法といえます。

皆さんは，これらの知識を考慮に入れることで，ブレインストーミングをより効果的に活用することができると思います。

（4）ヒューマンエラー

2010年4月20日，メキシコ湾の海底深く，BP（British Petroleum）社の石油掘削リグ[193]「ディープウォーターホライゾン（Deepwater Horizon）」で大惨事が発生しました。爆発後，海底からは2カ月以上にわたって原油が流出し続け，海洋生態系と沿岸地域に壊滅的なダメージを与えました。同事故を題材にした映画「バーニング・オーシャン」は日本でも公開されました。

あの日，海の上を漂う巨大な掘削リグで，作業員たち

---

192 入山章栄（2015）．『ビジネススクールでは学べない世界最先端の経営学』．日経BP，pp.124-130.

193 穴掘り機械のこと。また，海底から石油や天然ガスを掘削・生産するために必要な労働者や機械類を収容する，海上に設置される規模の大きい海洋構造物を指すこともある。

は次の掘削に備えて作業を進めていました。海底の原油層から管を引き抜く際，正常に閉鎖されなかった安全装置が原因で，圧力が突如として上昇したのです。その結果，原油とガスが噴出し，リグ上で大爆発を引き起こしました。

事故発生に関する経験則に「ハインリッヒの法則」[194]があります。この事故では，様々なヒューマンエラーが明らかになりました。

ヒューマンエラー（human error）とは，人間が判断や行動の過程で起こす誤りのことを指します。人間の行動は完璧ではなく，様々な外的要因や内的要因によって影響を受けます。これには，過度の疲労，ストレス，ワークロードの過重，設備やシステムの設計不良，不適切な手順やトレーニング，組織文化などが含まれます。

ここでの用語の定義は，教育プログラムの中で実施するチーム演習後に，ヒューマンエラーの有無と内容を，振り返るために使用することを考えて定義しています。

---

194 ハインリッヒの法則（Heinrich's Law）は，工業安全に関する一種の法則で，1930年代に米国の工業安全専門家ハインリッヒ（Herbert William Heinrich）が提唱しました。この法則では，1件の重大事故の背後には，29件の軽微な事故と300件の未遂または無傷の事故があるとされ，それらは「1：29：300の法則」と呼ばれます。これは，重大な事故が起きる背後には，たくさんの軽微な事故が隠れているという考えを示しています。つまり，軽微な事故や未遂の事故を未然に防ぐことで，重大な事故の発生を防げるという考え方です。

ヒューマンエラー

本人が，演習中の活動過程で起こした失敗をいう。

ミステイク

ヒューマンエラーのうち，達成すべき課題の同定を誤ってしまい，その誤った課題に向けて行動してしまったものをいう。

ラプス

ヒューマンエラーのうち，課題達成に向けた活動過程で，意図していた行為をうっかりし忘れたものをいう。

スリップ

ヒューマンエラーのうち，課題達成に向けた活動過程で，意図した行為が意図したように実行できなかったものをいう。

起因

ヒューマンエラーの発生の誘発要因になった人的要因をいう。

外因

起因が，本人の周囲にいた者にあったときをいう。

内因

起因が，本人自身にあったときをいう。

英国の心理学者リーズン（James Reason）は，自他の研究成果を集大成した「包括的エラーモデリングシステム（Generic Error Modeling System；GEMS）」を提唱しました。

リーズンによれば，ヒューマンエラーとは，「計画された知的または物理的な活動過程で，意図した結果が得られなかったときで，これらの失敗が他の出来事によるものでないときの，すべての場合を包含する本質的な項目」[195]と定義されます。

リーズンは，ヒューマンエラーという概念は意図的な行動にだけ適用できるとし，三つの主要なエラー形式があるとしました。

ミステイク（mistake）

意図形成の失敗で，間違ったプランを選択したり，問題解決のための不適切な手順を実行したりすることです。例えば，ある薬を別の薬と間違えて処方する医療エラーはミステイクに分類されます。

ラプス（lapse）

行動前の内的過程での失敗で，記憶のミスや注意の欠如などが原因となることが多いです。例えば，日常生活でよくある「鍵を家に忘れて出てきた」などの状況はラプスに該当します。

スリップ（slip）

意図した行動の失敗で，目的を達成するための動作や行動が計画どおりに行われない状況を指します。例え

195 リーズン，J.（著），林 喜男（監訳）（1994）．『ヒューマンエラー』．海文堂．

ば，皿を洗っているときに手から滑り落ちてしまうことなどはスリップに該当します。

（5）チームエラー

チームメンバーの起こしたヒューマンエラーが，どのようにしてチームエラーにつながっていくかを示したのが「チームエラーの発生過程」（**図4-11**）です。用語の定義[196]は，次のとおりです。

チームエラー

チームとして行動する過程で，個人が犯したエラー，もしくは複数の人間が犯した同一のエラーのうち，チームの他のメンバーによって修復されないものです。

発見失敗

エラーを犯した人（たち）以外のチームメンバーが，そのエラーに気づかない場合です。エラーが発見されなければ，そのままチームエラーとなって顕在化してしまいます。

(例)チームでのプロジェクトで，メンバーAが報告書のデータ入力を間違えました。しかし，チェックを担当していたメンバーBがそのミスを見落として

196 佐相邦英（2002）.「特集　エラーを防止できるチーム体制めざして　チームによるエラー防止に向けて──チームエラーの概念から考える」『看護管理』, Vol.12, No.11, 826-829.

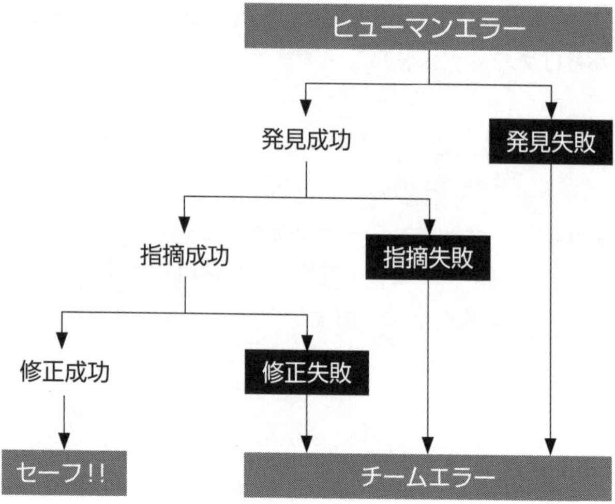

図4-11　チームエラーの発生過程（脚注[196]の文献より引用）

しまい，間違ったデータで作成された報告内容になってしまいました。

指摘失敗

エラーを犯した人（たち）以外のチームメンバーが，そのエラーに気づきながらも，それを明確に指摘できない場合です。指摘されないと，エラーを犯した人（たち）はそれに気づかず，エラーが顕在化してしまいます。

(例)チームのミーティングで，メンバーＣが不正確な情報を提供しました。メンバーＤはその誤りに気づきましたが，対立を避けるために何も言いませんでした。その結果，不正確な情報に基づいた意思決定が行われてしまいました。

修正失敗

エラーを犯した人（たち）以外のチームメンバーが，そのエラーに気づき，指摘したにもかかわらず，エラーを修正できない場合です。最後のエラー阻止に失敗し，チームエラーとして顕在化してしまいます。

(例)製品開発チームで，メンバーEが製品の設計ミスを犯しました。メンバーFがそのミスを指摘し修正を求めましたが，必要なリソースや時間の制約から修正が行われず，ミスがそのまま製品に組み込まれてしまいました。

さて，指摘失敗を予防・抑止するために大事なことは何でしょうか。そこで，ダウトパーソンの重要性について考えてみることにしましょう。

(6) ダウトパーソン

ダウトパーソン（doubt-person）は，筆者による造語で「同調圧力に屈せずに疑問や反対意見を述べる役割を担う人」と定義しました。この用語は，筆者が，Wilde先生が「doubt-man」という言葉を使っていたという話を聞いたことが基になっています。

ただ，授業で用いる用語としてはポリコレ（political correctness）の観点から「doubt-person」にしました。概念としては，悪魔の代弁者（devil’s advocate）と同趣旨です。ちなみに，悪魔の代弁者とは，ローマカトリック教会に由来する用語で，教会での聖人列聖の際に，列聖する人物の欠点や疑問点をあげる役割を担う人のことをいいます[197]。その役割の意義は，候補者の評価を全面的にかつ公平に行うことで，真に聖人たる資質を持つ人物だけが列聖されるべきだという原則を堅持することです。それが敷衍して，健全な意思決定を担保するために，あえて反対意見や批判的な視点を提示する役割を指すようにもなりました。

教育プログラムにおけるダウトパーソンの運用は，指名ではなく，状況判断のもと自ら演じることを奨励しています。演習において，ダウトパーソンの体験を，自らの意思でしてもらうのです。そのため，講義では，次のような手順を，演習回のごとに繰り返して環境整備をしっかりしていきます。

まず，言語的説得です。意思決定の質を高めていくためには批判的思考が必要なこと，批判するべきときにしないのは寛容ではないこと，逆に「寛容のパラドックス」を生じさせる懸念があることなどを説明します。

---

197 Wikipedia contributors. (2023, July 16). Devil's advocate. In Wikipedia, The Free Encyclopedia. Retrieved from https://en.wikipedia.org/wiki/Devil%27s_advocate

次に，メタ認知を意識させることです。心理的安全性を低下させないためには，相手のタイプも考えながら適切な言い回しになるよう配慮すること，特にタイプの判断機能において，思考機能が利き手の「思考タイプ」と感情機能が利き手の「感情タイプ」では，言い方におけるストレートさに違いがあることや，言われたときの感じ方に違いがあることを，説明しておきます。

最後に，コンフリクトの発生予防です。ダウトパーソンの役割行動がみられる人は，状況判断のもとで，あえて引き受けてくれているのだということを共通認識としてもたせます。そうすることで，批判する方も批判される方も，気持ちが重くならなくなります。

このように，ダウトパーソンについての，意義，役割，当事者意識，言い方，受け止め方，共通理解をつくり，担ってくれている人に対して「演じてくれて，ありがとう」と周囲が思ってあげられるようにすることが大切です。教育的介入では，その点の共通認識づくりが極めて重要になります。ただ，そのような環境整備をしても，ダウトパーソンの役割を担うことを「納得してやってくれる人」と「納得しても，やってくれない人」がいることを理解しておかなければなりません。この点について，タイプ論の観点から統計的に検証したところ，暫定的な結論にはなりますが，ダウトパーソンを担うか担わないかに関して最も連関する認知スタイルは，「判断機能」の思考タイプか思考タイプでない（＝感情タイプ）

か，であることが示唆されました[198]。

構えの外向タイプか内向タイプかも連関しますが，次第に外向タイプか内向タイプかの差は薄れていきます。逆に，思考タイプと感情タイプの差ははっきりしていきます。

ダウトパーソン育成における教育的観点としては，特に判断機能に着目して，仮説タイプ思考に対してはダウトパーソンの役割を担おうとする意思形成を支援する論理的な説明をすること，仮説タイプ感情に対してはダウトパーソンの役割に躊躇する心情に理解を示し共感的な説明をすることが効果的であると考えています。

ただ，このようにしても，ダウトパーソンを自発的に演じてくれる人は，全体の２割前後です。したがって，「やらない人はやらなくてもよいですよ」という押しつけない姿勢を示すことと，やってくれる人についてはできるだけ入れ替わりがあるように促すことが，教員側の対応の仕方として重要になると考えます。

ダウトパーソンが適時適切に出現すること，また，特定の人に偏らず（＝責任感のある人に任せきりにならず），状況次第でダウトパーソンを担う人が交替していくこと，このようなことが自然にできるようになることが，教育的介入の目標になります。

198　杉本洋一(2023).「タイプ活用教育型の協調設計におけるダウトパーソン育成に向けた教育的観点の検討」. 日本機械学会第33回設計工学・システム部門講演会講演論文集2023（No. 1305).

（7）集団浅慮

集団浅慮（groupthink）[199]は，集団思考，集団的浅慮ともいいます。なお，二語のgroup thinkは集団での思考という意味になりますが，一語のgroupthinkは集団浅慮の意味になります。

この概念の提唱者である米国の社会心理学者ジャニス（Irving Janis）は「凝集性の高い集団において所与の選択肢を現実に即応した合理的な評価に基づいて評価するという動機よりも，集団として合意できるような選択肢を選ぼうとする動機が優先した場合に生じる思考形式」であると定義しました[200]。これは集団の内部での同調圧力が高まり，異なる意見や視点が抑圧される結果，リスクの評価や意思決定の品質が損なわれる傾向を指します。ある種の独裁的なリーダーシップや高いグループ凝集性，意見の多様性の不足などが，この現象を引き起こす要因とされています。なお，「ピッグス湾事件」[201]は，集団浅慮の事例として知られています。

---

199 Janis, I. L. (1972). *Victims of groupthink: A psychological study of foreign-policy decisions and fiascoes.* Houghton Mifflin.

200 渥美公秀・三隅二不二（1989）．「所属集団からの排斥不安とリーダーシップが討議集団における情報処理に及ぼす効果」『実験社会心理学研究』，28（2），143–154．

201 ピッグス湾事件は1961年に米国がキューバ反政府勢力を支援して行った侵攻で，敗北に終わりました。ジャニスはこの事件を「集団浅慮」の典型例と分析しました。彼は，ケネディ政権内での「一致への圧力」が批判的な意見を抑制し，不適切な決定を引き起こしたと指摘しました。

ジャニスは，集団浅慮を健康な集団を襲う病気のようなものだと考え，その理論的枠組みを提示しました[202]。そして，筆者が，その理論的枠組みを，先行研究[203, 204, 205]と合わせて整理したのが以下の説明になります。

まず，先行条件（A，B1，B2）が存在します。次に，集団浅慮の症状（タイプ1～3）が表れます。最後に，防衛的意思決定の症状1～7が表れるという順序になります。

【先行条件】

集団浅慮が生じる可能性を高める状況や条件を示しています。先行条件となる要因は，A，B1，B2の三つに分類されます。

A ：集団凝集性 → 高い

B1：組織の構造的欠陥

- 外部との関係 → 孤立（または上位にある位置関係で独立的）
- リーダーシップの発揮 → 一極集中
- 成員の思想やバックグラウンドの同質性 → 高い

---

202 Janis, I. L. (1982). Groupthink (2nd Ed.), Houghton Mifflin.

203 白樫三四郎（2012).「〈論考〉集団の愚かな意思決定：ピッグス湾，真珠湾そしてウォーターゲート（人間科学部特集号：小林龍一教授退職記念号）」『大阪経大論集』，62 (6)，31–44.

204 釘原直樹(2011).『グループ・ダイナミックス：集団と群集の心理学』.有斐閣，pp. 66–69.

205 村本由紀子（2010).「組織と個人のダイナミクス」池田謙一・唐沢穣・工藤恵理子・村本由紀子『社会心理学（補訂版)』. 有斐閣，pp. 352–359.

B2：促進的な状況の文脈

- 問題解決のためのストレス → 高い
- 自尊心・倫理観とのジレンマ → 高い

【集団浅慮の症状】

集団浅慮が生じているときに観察される可能性のある特徴や行動です。症状はタイプ1からタイプ3の三つに分類されます。

タイプ1：集団への過剰評価

- 不敗の幻想：過度の楽観主義
- 自らの道徳性に対する信念：集団固有の倫理観に対する信念

タイプ2：閉鎖性

- 集団レベルでの合理化：自分たちにとって都合のよい解釈
- 外集団への歪んだ認識：外集団に対し不正確で否定的な認識

タイプ3：斉一化への圧力

- 自己検閲：集団の合意に疑念を表明することを避ける。
- 満場一致の幻想：多数派の見方を全員一致の意見と思い込む。
- 反対者への直接の圧力：異議を言わせない。
- 自薦の見張り番：不都合な情報から守ろうとする人が出る。

【防衛的意思決定の症状】

集団浅慮が発生すると，集団がどのように防衛的な意思決定を行うかを示しています。症状は，１から７の七つに分類されます。

1 選択可能な選択肢を不完全にしか探索，検討しない。
2 目標を不完全にしか検討，考慮しない。
3 情報収集が乏しくなる。
4 手持ち情報の分析に選択的なバイアスがかかる。
5 前に退けた代替案を再考しようとしない。
6 選んだ選択肢のリスクやコストを検討しない。
7 状況に適合した選択肢の実行プランが欠如している。

（8）集団極化

「集団極化（group polarization）」は「個々のメンバーがもともと持っていた意見や判断の支配的傾向が，集団による討論を経た後，さらに強化される現象」[206]と定義されます。

集団意思決定において，メンバーがもともともっていた考えの平均よりも危険になる現象をリスキーシフト（risky shift）といい，逆に，安全・保守志向を増幅させる現象をコーシャスシフト（cautious shift）といいます。

この集団極化と集団浅慮は，ともに集団の意思決定や

206 上野徳美・横川和章（1982）.「集団極化現象における社会的比較の役割」『実験社会心理学研究』, 21 (2), 167–173.

意見形成の過程で生じる現象ですが，それぞれ異なる独立した現象として理解されます。なお，現実の集団においては，これらの現象が同時にまたは相互に影響を及ぼすことがあります。

リスキーシフトとコーシャスシフトの事例をあげてみます。

リスキーシフトが関係した失敗事例になるのが，2008年のリーマン・ブラザーズの破綻です。サブプライムローンという高リスクな金融商品への大量投資が一時的に大きな利益をもたらしましたが，不良債権が増加し始めるとリーマン・ブラザーズは大損を被り，最終的に破綻しました。当時の不透明で複雑な金融商品の流行と，高リスク高リターンの投資がブームになった市場環境が，リスク意識を低くし，リスキーな投資を行うインセンティブを与えました。

対照的に，コーシャスシフトが関係した失敗事例になるのが，北欧の巨人，フィンランドのノキアの携帯電話事業撤退です。失敗の端緒は2007年にスティーブ・ジョブズが初代iPhoneを発表したことでした。当時のCEOや経営陣は，自社のフィーチャーフォン（feature phone：スマートフォンよりも前の世代の端末）が優位であるとの信念を捨てきれませんでした。これは，潜在的な危険を軽視し，かつ，既存のビジネスモデルを転換することに過度に慎重になったというコーシャスシフトの典型例になります。

その後のスマートフォンの普及は予想以上に急速に拡大したため，ノキアは，スマートフォン市場では大きく出遅れました。そして，AppleのiPhoneやGoogleが開発したアンドロイドOSにシェアを大きく奪われました。ノキアの携帯電話部門は売上を大幅に減らし，2013年には，携帯電話事業をマイクロソフトに売却したのです。ただ，その後は通信機器メーカーとして再出発を果たし，倒産危機を逃れて復活しています。

集団極化の評価についてですが，良い面と悪い面があります。

まず，良い面としては，集団極化は，社会的な連携や団結を促進します。人々が共通の信念や目標を共有し，それに基づいて行動するとき，社会的な一体感や同質性が生まれ，コミュニティの凝集力が高まる可能性があります。これは，スポーツチームや慈善団体，政治運動などにおいて有用な現象となり得ます。

次に，悪い面としては，集団極化が分断や偏見を生む可能性があります。例えば，政治的な意見や信念についての極端な偏向は，社会的な分裂や対立を引き起こす可能性があります。また，ネガティブなステレオタイプに基づく偏見が極化すると，差別や排他的な態度を助長することにもなります。

集団意思決定において，集団極化は起きるのが当たり前と考えた方が現実に合っているのではないでしょうか。そのため，集団極化をゼロにすることよりも，極化の振幅が大きくなりすぎることに用心するとともに，リスキーシフトとコーシャスシフトのバランスを取ることが重要であると考えます。

（9）コミットメントのエスカレーション

コミットメントのエスカレーション（escalation of commitment / escalating commitment）とは，米国の組織行動学者スタウ（Barry M. Staw）によって提示された概念[207]で「自分の過去の意思決定が失敗をもたらしたとしても，同じ意思決定をさらに繰り返そうとする心理的傾向をいう」[208]と定義されます。硬直的な意思決定の風土がある組織では，この実例が見当たるかもしれませんね。

さて，コミットメントのエスカレーションが起きるメカニズムについては，次の四つの原因で説明されています。

原因1：知覚のバイアス（perceptual bias）

自分の最初の決定を守るために，ネガティブな情報よりもポジティブな情報を優先する。

---

207 Staw, B. M. (1976). Knee-deep in the big muddy: A study of escalating commitment to a chosen course of action. *Organizational behavior and human performance*, 16 (1), 27-44.

208 長瀬勝彦（2000）.「不確実性下の意思決定の実験」『オペレーションズ・リサーチ：経営の科学』，45（1），27-33.

原因2：判断のバイアス（judgmental bias）

サンクコスト（sunk cost：埋没コスト）を無駄にしたくないという心理が働くとともに，損失の領域ではリスク志向になる[209]。

原因3：印象管理（impression management）

自分の行った決定の誤りを認めたくない。仮に，挽回できれば，過去の行動は正当化され，自分の有能感が傷つくことはないという心理が働く。

原因4：競争的非合理性（competitive irrationality）

過剰な競争が個人や企業の合理的な判断を損なう状態を指します。

コミットメントのエスカレーションの発生機序のモデルが**図4-12**です。「Withdrawal and Assumption of Losses（撤退と損失の引き受け）」に思い切れるかどうかが，岐路になります。

コミットメントのエスカレーションを予防するために，米国の組織心理学者トンプソン（Leigh L. Thompson）は，次の六つのことを提案しています。な

209「損失の領域ではリスク志向になる」については，行動経済学のプロスペクト理論で理解することが可能です。プロスペクト理論は「人間は利得にフレーミングされた意思決定ではリスク回避だが，損失にフレーミングされた意思決定ではリスク志向になる」ことを説明してくれます。

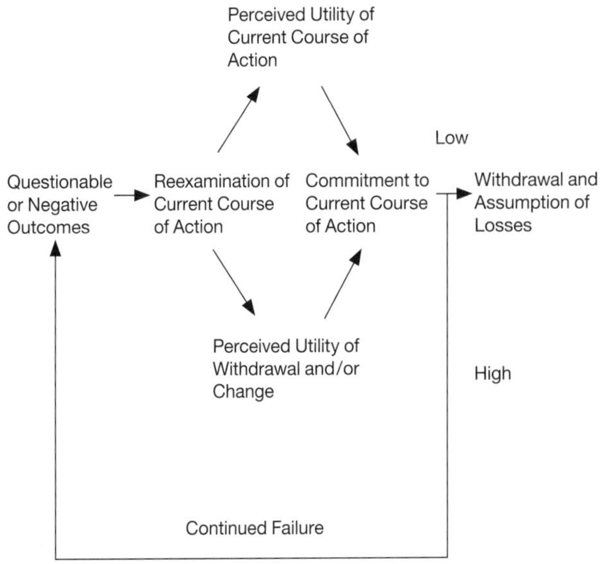

図4-12　Escalation of Commitment（脚注[210]の文献より引用）

お，訳はトンプソンの解説を踏まえて意訳しています。

対策１：Set Limits
（あらかじめ上限を設けておく）

対策２：Avoid the Bystander Effect[211]
（傍観者にならず，当事者意識を持つ）

対策３：Avoid Tunnel Vision
（狭い視野でなく広い視野・観点から考える）

対策４：Recognize Sunk Costs[212]
（サンクコストにとらわれていないか考える）

対策５：Avoid Bad Mood
（雰囲気をよくして，悪い結果をさらけ出しやすくする）

対策６：External Review
（第三者の客観的な意見を聞く）

（10）アビリーンのパラドックス

アビリーンのパラドックス（Abilene Paradox）は，米国の経営学者ハーベイ（Jerry B. Harvey, 1935–2015）によって提唱された概念で「The Abilene Paradox and Other Meditations on Management（アビリーンのパラドックスと経営に関する省察）」[213]という論文（寓話初出論文。後に同名の著書あり）に，その寓話が書かれています。

---

210 Thompson, L. L. (2015). *Making the team: A guide for managers.* Pearson, pp. 197-198.

211 傍観者効果（Bystander Effect）は，他人の存在があることで関与や介入の意欲が低下する現象です。集団の中では個人の責任感が希薄化し，誰か他の人が問題に対処するだろうという期待が生まれます。この結果，緊急事態や困難な状況で，個人が積極的に行動しないことがあります。キティ・ジェノヴェーゼ事件は，この心理現象を研究者たちが詳しく調査し，傍観者効果の理論を確立するきっかけとなりました。

212 サンクコスト（Sunk Cost）は，経済学や経営学において使用される概念で，既に支払われた費用や投資を指します。人はしばしばサンクコストにとらわれて，過去の投資や努力に基づいて選択を行う傾向があります。合理的な意思決定においては，サンクコストは無視して将来のリターンや効用を最大化することが求められます。

その寓話は，発言の表面的意味と発言者の真意が反対になっているというパラドックスを示すもので，社会心理学の概念でいう多元的無知（pluralistic ignorance）の内容になっています。

多元的無知とは「集団や社会の成員が，互いに自分の公的行為は自分の感情や意見と一致していないと思うにもかかわらず，他の人の公的行為は，当人の感情や意見を反映したものだと推測すること。各自の私的な感情や意見を知らないために起こる認知状態である。」[214]と定義されています。

多元的無知は，①他者の選好を誤解していること，②その誤解した認識に基づいて自分の行動を調整してしまうこと，という個人レベルの範囲におさまる現象ではありますが，社会システムの観点からみると，集団内の相互作用により生じる選好とは異なる規範が再生産されてしまうという集団レベルの現象を引き起こすメカニズムにもなります[215]。この点は，注意しておくことが必要です。

---

213 Harvey, J. B. (1974). The Abilene paradox and other meditations on management. *Organizational Dynamics*, 3 (1), 63-80.

214 中島義明・安藤清志・子安増生・坂野雄二・繁桝算男・立花政夫・箱田祐次（編）(1999).『心理学事典』. 有斐閣.

215 岩谷舟真・村本由紀子 (2015).「多元的無知の先行因とその帰結：個人の認知·行動的側面の実験的検討１」『社会心理学研究』, 31 (2), 101–111.

以下の文章は，筆者が原文を和訳し要約したものです。

テキサス州コールマン（人口：5,607人）の７月の午後は特に暑かった。温度計は華氏104度（摂氏40度）を示していた。加えて風は西テキサスの埃を巻き上げていた。しかし，それでも午後はまだがまんできた。扇風機が回っていたし，冷たいレモネードもあった。それに，娯楽としてドミノに興ずることもできた。すべてが，片田舎のコールマンという土地での日曜日の午後らしく，納得できるものだった。ただ，義理の父（妻の実父）が，突然，「車に乗ってアビリーンに行って，カフェテリアで夕食を食べよう」と言うまでは……。

私は，なんでこの砂嵐と暑さの中を，エアコンのないおんぼろ車で，53マイル（約85km）向こうのアビリーンまで行かなければならないのかと思った。しかし，妻は「素晴らしいアイデアですわ。行きたいわ」と言い，私に向かって「ジェリーはどう？」と聞いてきた。私は行きたくなかったが，「私も良いと思いますよ」と答え，「お前のお母さんも行きたそうじゃないか」と答えた。義理の母も「もちろん行きたいわ。長いことアビリーンに行ってないし」と言った。

私たち四人は，長い間，だまりこんで扇風機の前に座った。何か言わなくてはと思い，私は，心ならずも「なかなか良い旅でしたね」と言った。義理の母は，いらいらしながら「まあ，本当のことを言うと，なんにも楽しくなかったし，こっちにいた方が，ずっとよかったわ」と言った。そして，続けて「あんたたち三人が，行きたがっていたから，一緒に行くことにしただけよ。みんなが，私に，行かなければというプレッシャーをかけたのよ。もし，そのプレッシャーさえなければ，行かなかったと思うわ」と言った。

私は，耳を疑った。「お義母さん，みんなというのはどういうことですか。私を，そのみんなの中に入れないでください。私だって行きたくなかったけれど，私以外のあなたたち三人が行きたそうだったので同意しただけですよ」私は，妻を見て「お前が，事の原因の犯人だ」と言った。妻は，えっという顔をして，「私を，犯人などと呼ばないでよ。あなたとパパとママが，行きたいと言ったんじゃないの。私は，仕方なくお愛想で同意しただけよ。この暑さの中で，出かけようなんて思うはずがないでしょ」と言った。

そのとき，義理の父が，突然，会話に入ってきて「地獄だ！」とつぶやいた。彼は，事の次第を明らかにしようとしていた。「まあ，聞いてくれ。わしも，アビリーンなんかに行きたくなかったんだ。みんなが，退屈だと思ったから，誘っただけだ。わしだって，ゲームをして，冷たい物を食べていた方がよかったんだ」

お互いのなじり合いの後，私たちは皆，沈黙して座っていた。

私たちは，自らの意志によって，狭苦しい店で，くそまずい食べ物を食べるために，炉のような気温の中を，砂嵐を通り抜けて，往復106マイル（約170km）を旅したのであった。私たちの誰一人として，本当に行きたがっていた者はいなかったのに。結局，私たちは，やりたいことの正反対を行ったことになるし，少なくとも往復したことに何の意味もなかった。

しかし，コールマンでのあの日以来，私は，似たような状況を見てきたし，相談もされてきた。それは，本当はダラスやヒューストンや東京に行きたいと思っているのに，実際は，行きたくもないところを目的地にすることや寄り道をするようなことであった。

そのような状況に陥った組織のほとんどは，惨めさと経済的損失の観点から，私たちの小旅行とは比べようもないほど否定的な結果になっているのだ。

（11）非倫理的意思決定

原語のunethical decision making[216]は「非倫理的意思決定」と訳しました。日本の文献には，unethical decision makingの用語があまり見当たりません。おそらく，意思決定の次元ではなく行為（unethical behavior）の次元から問題として捉えることで「ビジネスマナー」「職業

---

216 Thompson, L. L. (2015). *Making the team: A guide for managers.* Pearson, pp. 206-207.

倫理」「企業倫理」「コーポレートガバナンス」「コンプライアンス」などで扱っているのではないでしょうか。

筆者は，教育プログラムにおける「非倫理的意思決定」の定義を，「チームメンバーである個人あるいはチームが，意思決定のプロセスにおいて，意図してまたは意図せずして，非倫理的な内容の意思決定をしてしまうことである」としています。

ささいな非倫理的な意思決定であっても，多くの人々の生活や人生に影響を与える可能性があります。しかし残念ながら，非倫理的な意思決定の事例は，個人でも集団でも後を絶たないのが現実のように思われます。

さて，非倫理的意思決定は，個人の場合と集団の場合とでどちらが起きやすいのでしょうか。先行研究には，詐欺行為によって金銭的利益が得られることが確実な場合，個人よりも集団の方が嘘をつきやすかったという検証結果[217]があります。

非倫理的意思決定は，「性根の腐った人（bad apples）」が引き起こす倫理的失敗（ethical failures）の場合よりも，普段は良心的な人が集団の雰囲気や同調圧力に抗うことができなかったり，倫理観の閾値が低下したことで，起きてしまう場合の方へシフトしているという指摘もあり

217 Cohen, T. R., Gunia, B. C., Kim-Jun, S. Y., & Murnighan, J. K. (2009). Do groups lie more than individuals? Honesty and deception as a function of strategic self-interest. *Journal of Experimental Social Psychology*, 45 (6), 1321-1324.

ます[218]。

米国のビジネス心理学者ベイザーマン（Max H. Bazerman）とテンブランセル（Ann E. Tenbrunsel）は，非倫理的意思決定が行われてしまう原因を，インセンティブ・システムと認知バイアスの観点から説明しています[219]。以下は，参考文献に基づいた筆者の要約です。

障壁１：ILL-CONCEIVED Goal（不適切な目標の設定）

狭い範囲の目標の達成に対して報酬を与えると，他の分野をないがしろにしたり，「目的のためには手段を選ばない」という好ましからぬリスクを冒したりするのを助長してしまう。

障壁２：Motivated Blindness（動機づけられた見落とし）

人は，見たいものを見て，それと矛盾する情報については，知らずにいた方が得な場合，見落としやすい。これは認知バイアスの一つである。

障壁３：Indirect Blindness（間接的であるがゆえの見落とし）

倫理的とはいい難い行動を（自ら行わずに）第三者に

218 水村典弘（2013）．「企業行動倫理と企業倫理イニシアティブ：なぜ人は意図せずして非倫理的行動に出るのか」『日本経営倫理学会誌』，20，3–15.

219 ベイザーマン，M. H. & テンブランセル，A. E.（著），中島聡子（訳）（2011）．「なぜ，ビジネスの論理と倫理を切り離してしまうのか　意図せぬ悪事の科学」『Diamond ハーバード・ビジネス・レビュー』，36（7），60–72.（Bazerman, M. H., & Tenbrunsel, A. E. (2011). Ethical breakdowns. *Harvard Business Review*, 89 (4), 58-65.）.

委託して行わせた場合，情報が不足していると無意識のうちに評価が甘くなる。

障壁4：滑りやすい坂（The Slippery Slope）

小さな違反行為を許すと，違反内容が大きくなりながら繰り返されることになり，最終的には重大な違反までも許容せざるを得なくなる。

障壁5：結果の過大評価（Overvaluing Outcomes）

意思決定の質の高さではなく，意思決定がもたらした結果が報酬の対象であると，長期的には大きな失敗を招く。

なお，米国の組織心理学者トンプソン（Leigh L. Thompson）は，上記以外の別の原因も指摘しています[220]。

フォールス・コンセンサス効果（false consensus effect）

フォールス・コンセンサス効果とは，合意性を過大評価する認知バイアスです。この認知バイアスが働くと「他の誰もがそれをやっている」という主観的認識ができ，非倫理的行動に対する自己抑止力が低下します。

バイカリアス・モラル・ライセンシング (vicarious moral licensing)

社会心理学の概念で，他人の善行を目撃したり，グ

220 Thompson, L. L. (2015). *Making the team: A guide for managers.* Pearson, p. 207.

ループの一員として善行を行ったりすることで，自身の善行の「ライセンス」が得られ，それが後の自己中心的な行動や偏見の行動を正当化するという現象を指します。

この現象の発生メカニズムは，まず，自分は道徳的な行動をとってきたという意識が，逆に非道徳的行動を行うことに対するブレーキを弱める認知バイアスを生じさせます。次に，道徳的な行動をとってきたのが自分自身ではなく自分が帰属意識を持てる集団であれば，やはり自分が非道徳的な行動を取ることに正当性を与える認知バイアスを生じさせます。

ちなみに，vicarious moral licensing の日本語の訳を考えると「他者の善行による（自己の行為の）道徳的許可」や「他者の善行による（自己の行為の）道徳的正当化」などが近い意味を持つ表現になります。

以上のように，非倫理的意思決定に関する議論や研究はまだ限られており，その定義や要因についてはさらなる学術的な探求が必要です。一方で，教育プログラムにおいて，倫理的な意思決定の重要性を強調し，参加者における倫理観の閾値を向上・維持していくことは，現在および将来のチームの効果性を高めていくうえで，必要かつ重要であると考えます。

あとがき

絶学無憂とは，老子の第二十章にある言葉です。「学を絶てば憂いなし」は，学問をしぬくと憂いは無くなるという意味だそうです（安岡正篤講話選集　老子選講のテープ）。

本書を書き上げることで，十年間の思考が言葉として整理でき，家の中が片付いたような感じです。ここ数年，自分の人生史上で，一番勉強していると思う日々が続きました。毎日があっという間に過ぎてゆき，前期高齢者になりました。ただ，重圧はあっても挑戦することは，健康寿命を延ばす気がします。今後も「自他の『自分らしさ』を生かし合う社会」の実現に取り組んでいきます。

さて，この本を読まれたあなたの感想は，どのようなものでしょうか。「ヒントになったな」という読後感であることを願います。

なお，変容する知識で執筆しましたので，思い違いなどがありましたらご教示ください。

また，ご意見・ご感想もお聞かせください。手紙の場合の宛先は，発行元の出版社の住所になります。メールの場合は，ネット検索で「杉本洋一　チームワーク教育　総合知」を入れていただけると，私の個人ホームページが見つかりますので，そちらをみてください。

末筆になりましたが，本書の完成までご支援いただいた編集部の板原安秀様，横内静香様，表紙絵を描いていただいた柴田悠基先生，挑戦の道を開いてくださった故ダグラス・ワイルド先生，荒川雅生先生，清水裕子先生，推薦のお言葉を賜った福田収一先生，放送大学大学院の恩師　石丸昌彦先生，応援してくれた妻子に，心より感謝いたします。

2024年4月　杉本洋一

〈付記〉

昨秋，内閣府が募集した「第2回総合知活用事例」に応募しました。「個を生かすチームづくり」の社会実装が「総合知人材の育成を行う事例」にあたると考えたからです。

このたび，選考結果が発表され，幸いにも選定されました。総合知とは，多様な「知」が集まって，新たな価値を創出する「知の活力」を生むことです。まさに本書の教育プログラムは，集団内の多様な「知」を化学反応させるうえで，一つのリテラシー教育になるでしょう。

内閣府の「総合知」ポータルサイトには，選定された事例が掲載されますので，ぜひ，ご覧ください。「内閣府　総合知　ポータルサイト」を入力して検索すると見つかります。

推薦者の言葉

いかに100年企業を産み出すか？
日本の知恵を性格心理学から定式化

日本は仲間づくりが得意であり，これまで多くの100年企業を産み出してきた。昔は社会の変動も，多様性も少なかった。そのため経験でどうすれば組織の永続化が図れるかを経験的に伝承できた。しかし，現代は時々刻々状況が変化し，こうした過去の経験，知識では対応できない。そうした現代に対応するためにはこうした激変する状況に対応できる知恵が必要である。

本書は日本人が得意とする「気付き」「なじみ」という視点から性格心理学を応用発展させ，こうした状況に対応しながら100年企業を産み出す知恵の定式化を図っている。性格心理学においても，こうした応用はきわめて独自であり，推薦者は他にこのような応用例があることを知らない。最近はVUCA（変動性，不確実性，複雑性，曖昧性）が話題となっているように，いかに知恵を活用するかが重要となってきた。本書は日本人の知恵の定式化であり，経営者，現場という産業だけでなく，日常生活においても仲間を増やし，知恵を結集して楽しい社会を作り上げていくことに大いに役立つ。ぜひいろいろな視点から，最大活用して頂きたいと強く願っている。

福田収一
元 Stanford University, Consulting Professor
慶應義塾大学システムデザインマネジメント研究所顧問

〈著者紹介〉

杉本洋一（すぎもと・よういち）

1958年，香川県生まれ。愛媛大学法文学部法学科を卒業し，地元電力会社に就職。人的資源管理に関心があり，海外電力調査会派遣時の調査テーマは「英国電気事業における組織と人の現状と方向」。帰国後，東洋思想を学びたくなり安岡正篤に傾倒。五十代で香川大学に出向しキャリア教育に携わる。PBLを行う授業に関与したことからチームワーク教育の研究を始める。2018年，会社を早期退職，香川大学教員（自然生命科学系准教授）に採用される。創造工学部において，「チームワーキング演習」等の必修科目を中心に担当。2024年，大学を定年退職。著作活動と研究成果の社会実装に取り組む。放送大学大学院文化科学研究科博士後期課程修了。学術博士。

個《こ》を生《い》かすチームづくり
深層的《しんそうてき》多様性《たようせい》を生《い》かし協働《きょうどう》の質《しつ》を高《たか》める
マインドセットとスキルセット

2024年5月31日　第1刷発行

著　者　　杉本洋一
発行人　　久保田貴幸

発行元　　株式会社 幻冬舎メディアコンサルティング
〒151-0051　東京都渋谷区千駄ヶ谷4-9-7
電話　03-5411-6440（編集）

発売元　　株式会社 幻冬舎
〒151-0051　東京都渋谷区千駄ヶ谷4-9-7
電話　03-5411-6222（営業）

印刷・製本　中央精版印刷株式会社
装　丁　　弓田和則

検印廃止

Printed in Japan
ISBN 978-4-344-69002-8 C0034
幻冬舎メディアコンサルティングＨＰ
https://www.gentosha-mc.com/